MACHINES A GLACE

ET

APPLICATION DU FROID

ÉMILE COLIN — IMPRIMERIE DE LAGNY

BIBLIOTHEQUE DES ACTUALITES INDUSTRIELLES N° 27

LES MACHINES A GLACE ET LES APPLICATIONS INDUSTRIELLES DU FROID

Par R. LEZÉ

Ingénieur des Arts et Manufactures
Professeur à l'Ecole d'Agriculture de Grignon

PARIS
BERNARD TIGNOL, ÉDITEUR
45, QUAI DES GRANDS-AUGUSTINS, 45

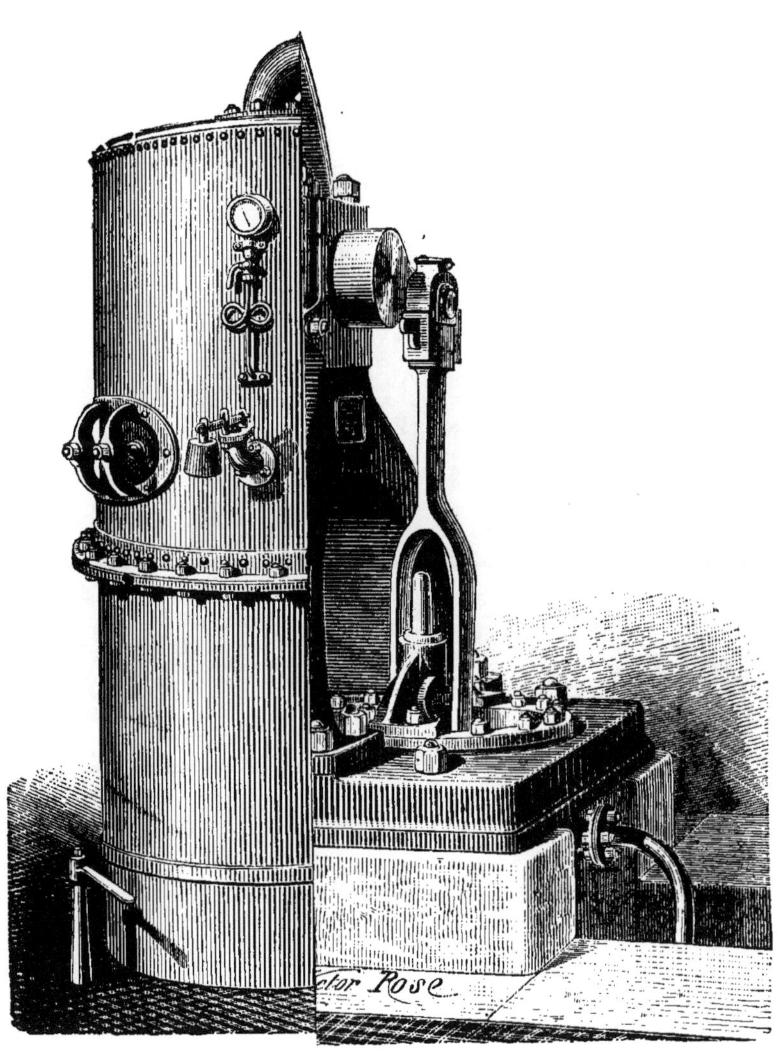
ctor Rose

Machine P. Giffard produisant le froid par la détente de l'air comprimé.

MACHINES A GLACE

ET

APPLICATIONS DU FROID

PREMIÈRE PARTIE

MACHINES A GLACE

THÉORIE ÉLÉMENTAIRE

Le froid a reçu depuis quelques années de nombreuses applications dans l'industrie, et il est certain que l'emploi de ce précieux agent se généralisera de plus en plus à mesure que le prix des machines diminuera, que leur maniement sera rendu plus facile et que la calorie de froid coûtera moins cher à obtenir.

Il existe en effet beaucoup d'industries qui ne peuvent fonctionner d'une manière satisfaisante et régulière qu'entre des limites données de température; elles ne pouvaient s'exercer autrefois qu'en de certaines localités privilégiées, et encore fallait-il attendre les saisons favorables.

A l'époque actuelle, avec nos machines à faire le froid, l'industriel peut s'établir n'importe en quel point et travailler à ses heures, car il dispose à sa volonté de la température et peut la fixer suivant les besoins.

Dans l'industrie de l'alimentation, on n'en est déjà plus à compter les précieux services rendus par l'utilisation du froid.

Que de quantités de matières autrefois perdues, que de richesses inutilisées, alors que l'on ne possédait aucun moyen de conservation!

Aujourd'hui les viandes, les poissons nous arrivent d'Amérique, d'Australie, etc., après plusieurs semaines de voyage, aussi frais, aussi agréables de goût que dans les pays d'origine.

Riches et pauvres profitent de ces bienfaits; producteurs et acheteurs y trouvent avantage. Le voyage du premier bateau frigorifique avait été traité d'entreprise folle, aujourd'hui les navires transportant des denrées conservées par le froid, sillonnent les océans.

La brasserie nous fournira un autre exemple d'une heureuse application des procédés de refroidissement.

Cette industrie éminemment utile ne pouvait travailler dans nos contrées, avec certitude de succès, qu'au printemps et à l'automne.

Maintenant, grâce au froid, les procédés de la fermentation basse se répandent de plus en plus partout, la bière peut être fabriquée en toute saison, et sa qualité est devenue si régulière que l'on reconnaît au goût les produits des différents brasseurs.

Dans cette industrie, il est nécessaire de maintenir les moûts en fermentation, puis les caves de conserve pour la deuxième fermentation lente à des températures bien déterminées, variant de 3° à 8°, 10° au plus, et il est essentiel de pouvoir être maître de ces températures.

Les résultats cherchés sont merveilleusement obtenus par l'emploi des machines à glace, à l'aide desquelles on peut, par le jeu de quelques robinets, rendre plus ou moins rapide la circulation d'un liquide froid et régler à volonté la température des caves ou des liquides.

L'idée de produire artificiellement le froid est déjà ancienne, et les essais datent de loin. On a depuis longtemps ressenti les inconvénients et les incertitudes de la récolte de la glace naturelle, sans compter les difficultés de transport d'une matière qui disparaît si facilement.

C'est cette production artificielle du froid que nous allons étudier.

Notre livre a un but essentiellement pratique : celui de faire connaître et de permettre d'apprécier les différents modèles des appareils à produire le froid, de guider le lecteur et d'éclairer son choix au milieu de ces machines créées d'hier et déjà très nombreuses, que les prospectus vantent à l'envi.

Nous n'avons pas le projet d'exposer une théorie complète et rigoureuse des machines à froid ; nous désirons seulement, en évitant les théories trop abstraites, donner des explications suffisantes et des renseignements capables de faciliter l'intelligence du fonctionnement des machines.

Nous désirons que par la lecture de cet ouvrage, les personnes qui voient dans leur industrie la possibilité de perfectionnements par l'application du froid, deviennent à même de déterminer la machine qu'elles doivent adopter de préférence, et à combien leur reviendra le froid ; en un mot nous cherchons à les renseigner, de telle sorte qu'elles puissent, en connaissance de cause, discuter leurs intérêts avec les ingénieurs ou les constructeurs qu'elles chargeront de leurs installations.

Théorie élémentaire des machines à faire le froid.

Le but de ces machines est d'abaisser d'un certain nombre de degrés la température d'un corps supposé primitivement à la température ambiante.

Les calories ainsi enlevées doivent être transportées nécessairement sur un autre corps qui était aussi primitivement à cette température ordinaire et qui, en conséquence, va s'échauffer.

L'élévation de la température de ce deuxième corps est proportionnelle à l'abaissement de température du premier.

Si ce sont les deux mêmes substances en poids égal, l'une gagne en chaleur ce que l'autre perd en froid, c'est-à-dire qu'un certain nombre de calories sont simplement transportées d'un corps sur l'autre.

Or, on admet que la chaleur ne peut pas, sans le secours d'un intermédiaire, être transportée d'un corps quelconque sur un corps plus chaud; cet intermédiaire, c'est de la chaleur d'un foyer ou c'est du travail.

Il est nécessaire de faire un certain sacrifice, de dépenser quelque chose, soit de la chaleur, soit du mouvement pour opérer le transport et refroidir un corps déterminé.

Nous pouvons nous faire une idée de ce phénomène en établissant une analogie bien naturelle entre la température et une cote de niveau.

Supposons deux poids égaux, reliés l'un à l'autre par une corde passant sur une poulie; ils seront en équilibre dans toutes les positions.

En particulier, si les deux niveaux sont dans le même plan horizontal, les deux poids demeureront indéfiniment dans cette position stable.

Si l'on élève l'un de ces poids P, l'autre s'abaisse précisément de la même hauteur, h étant le niveau et h' le déplacement; l'un renferme maintenant le travail disponible P (h — h'), l'autre P (h + h'); le travail total du système est resté le même; il y a eu simplement transport de Ph′ enlevé au premier pour être ajouté au deuxième.

Ce changement ne s'est pas effectué spontanément ; il a fallu exercer un effort pour vaincre la résistance de la poulie et élever l'un des corps ; c'est là le travail intermédiaire nécessaire dans les machines à froid.

Dans des circonstances favorables, ce travail pourra être très faible ; mais il existe. Dans l'analogie que nous avons établie, on voit que le corps élevé gagne précisément en énergie ce qu'a perdu le poids qui s'est abaissé. On obtiendra en chaleur ce que l'on aura préparé en froid, ou en d'autres termes on mobilisera un même nombre de calories de part et d'autre. Un corps chaud contenant un certain nombre de calories sera capable de ramener à la température ambiante un corps froid contenant le même nombre de calories négatives.

1 kilog. de charbon donnant 8,000 calories fournira suffisamment de chaleur pour ramener à la température ambiante + 20°, 80 kilog. de glace ; chaque kilog. exigeant 80 calories pour fondre et 20 calories pour passer à + 20, soit en tout 100 calories.

Mais si 1 kilog. de charbon suffit pour fondre

80 kilog. de glace, la combustion de 1 kilog. de charbon pourrait théoriquement servir à fabriquer plus de 80 kilog. de glace, parce que l'on peut supposer que le charbon est employé à produire de la force et que, d'après notre premier raisonnement, on conçoit qu'une force faible puisse mobiliser un grand nombre de calories.

Cette quantité maxima de glace à obtenir dans des conditions déterminées, peut être, comme nous le verrons par la suite, calculée à l'aide du principe de Carnot qui donne comme résultat des rendements égaux pour des machines théoriques fonctionnant entre les mêmes limites de température. Mais cette valeur théorique maxima ne sera jamais atteinte à cause du travail supplémentaire à dépenser.

Le rendement de 80 kilog. de glace par kilog. de charbon est un maximum irréalisable en pratique, car le mouvement intermédiaire absorbe toujours une notable quantité de travail.

On ne doit pas s'étonner de cette perte lorsque l'on connaît les rendements habituels de nos foyers et de nos machines; d'où la disproportion considérable qui existe entre le rendement théorique et le résultat industriel, car en travail courant on n'est certainement pas parvenu à obtenir 30 kilog. de glace par kilog. de charbon, ce qui représente moins de 40 pour 100 du chiffre précédent.

L'analogie que nous avons établie entre les températures et les niveaux nous conduit à une conséquence remarquable.

Pour rompre l'équilibre des poids dont nous avons parlé et soulever l'un deux d'une quantité h', il faut exécuter un travail proportionnel à h'; c'est là la perte ou la dépense qui par conséquent sera minima avec la plus petite valeur possible de h'.

Donc, dans une même classe de machines à glace, les rendements seront d'autant plus élevés que la machine fonctionnera entre des limites de température plus restreintes ; une même machine que l'on fera fonctionner entre + 300° et — 50° rendra moins par exemple que si elle travaille entre + 100° et — 10°.

Mais cette proportion n'est plus vraie pour des machines de construction différente ; ces machines cessent d'être comparables à ce point de vue, parce que le travail nécessaire pour déniveler de h' peut être employé avec plus ou moins de bonheur, suivant les constructeurs et les dispositions qu'ils adoptent.

Cette différence dans l'agencement des organes peut évidemment avoir une influence prépondérante, suivant que telle ou telle machine sera plus ingénieusement combinée ; mais une fois le principe d'une machine adopté, affinité, compression, etc., le constructeur devra porter tous ses efforts et son attention vers ce but, de restreindre l'écartement des températures extrêmes.

La machine la meilleure sera celle qui accomplira la plus faible dénivellation avec le minimum de dépense par degré.

Un exemple va nous servir à éclairer ces notions préliminaires : L'azotate d'ammoniaque, comme un grand nombre de sels, produit du froid en se dissolvant dans l'eau ; la chute de température est de 29°, et la perte de chaleur est de 40 calories pour un kilogramme d'un mélange à parties égales d'azotate d'ammoniaque et d'eau.

Pour récupérer cet azotate d'ammoniaque et boucler le cycle des opérations, il faudra évaporer l'eau et dépenser pour cela la moitié de 701 calories, si l'évaporation se fait à l'ébullition (164°).

Le rendement de ce mélange est donc bien faible : 80 700, soit environ 1 9, dans la pratique ordinaire, où l'on récupèrera l'azotate d'ammoniaque par une évaporation rapide.

Dans cet exemple, la chute de température est égale à $164 + 29 = 193°$.

La dénivellation est considérable, et, comme nous venons de le démontrer, l'intermédiaire coûte cher, puisque le rendement théorique est si faible.

D'autres exemples, empruntés à la mécanique, serviront à mieux faire comprendre encore les différences qui peuvent exister dans les rendements des machines à glace.

Supposons que les deux poids égaux dont nous parlions soient reliés l'un à l'autre par des intermédiaires différents, par un balancier mobile autour d'un couteau, comme le fléau d'une balance, ou bien par l'intermédiaire d'une corde passant sur une poulie, ou de deux crémaillères et d'un engrenage (fig. 1, fig. 2, fig. 3).

Fig. 1.

Il est évident qu'il faudra, suivant ces diverses combinaisons mécaniques, des efforts très différents pour amener la dénivellation.

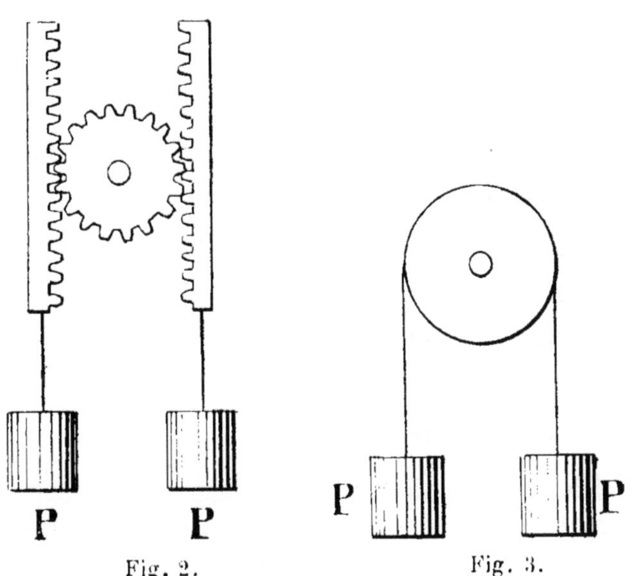

Fig. 2. Fig. 3.

L'effort sera très faible dans le cas de balance, déjà un peu plus sensible si la liaison est celle de la corde sur la poulie, et, enfin, encore plus considérable dans le cas de la crémaillère.

Dans toutes ces combinaisons, l'effort est proportionnel au déplacement h'; mais on voit qu'une liaison comme celle de la balance absorbera moins d'effort pour un déplacement assez sensible que les crémaillères pour un mouvement relativement peu étendu.

Il se peut que des machines à glace, fonctionnant entre des températures déterminées, soient encore plus économiques que d'autres qui fonctionneraient cependant entre des températures plus rapprochées.

L'intermédiaire joue donc un très grand rôle dans la dépense, ou, si l'on veut, dans le rendement, et il faut rejeter immédiatement dans l'industrie les machines dans lesquelles le mouvement intermédiaire absorbe trop de travail absolument en pure perte.

Il est bien évident, d'après ce que nous venons de dire, qu'avec une force déterminée, on pourra théoriquement se procurer des quantités quelconques de glace, puisque le rôle de la force est seulement de produire la dénivellation.

Si l'on dispose d'une chute d'eau de la force d'un cheval, on doit théoriquement être à même d'obtenir des quantités de glace quelconques; mais si l'on se sert d'une machine à vapeur et que l'on considère la consommation du charbon, il en est tout autrement.

Dans la pratique, et avec les appareils dont nous

disposons aujourd'hui, la production de la glace, avec une force de tant de chevaux, est encore assez restreinte, à cause des imperfections inévitables de nos machines ; et ces machines elles-mêmes ne rendent qu'une fraction de la chaleur disponible dans le charbon. En d'autres termes, l'intermédiaire absorbe tant, de son côté, que l'on n'est jamais encore parvenu à dépasser les rendements de 30 kilog. de glace par kilogramme de charbon brûlé.

Les mélanges réfrigérants dont nous avons parlé absorbent un travail intermédiaire énorme, et leur rendement pratique est extrêmement faible, à cause de la complication des manipulations et du prix des appareils qui devraient servir à l'évaporation.

Nous devons seulement retenir ce fait que le froid produit par les mélanges réfrigérants est emprunté à une chaleur de fusion ou de dissolution.

C'est en se liquéfiant que la neige et le sel produisent du froid ; c'est en se dissolvant dans l'eau que l'azotate d'ammoniaque abaisse la température.

Les chaleurs latentes de détente ou de vaporisation sont bien plus considérables relativement, surtout plus commodes à manier, et ce sont celles que l'on utilise de préférence pour les usages industriels.

L'ancienne expérience du briquet à air est dans toutes les mémoires. On sait que quand on comprime un gaz, il s'échauffe ; que lorsqu'on le laisse se dilater ensuite, il se refroidit. On sait que l'évaporation de l'alcool, de l'éther, produit du froid par la vaporisation du liquide.

La machine à froid fonctionnant avec de l'air atmosphérique est théoriquement la plus simple ; elle sert pour ainsi dire de type à toutes les autres, tout au moins dans certaines de ses parties. C'est pourquoi nous devons commencer par en étudier le fonctionnement.

Réduites à leurs lignes essentielles, les opérations se réduisent à quatre principales :

I. — On comprime de l'air sans lui communiquer ni lui enlever de chaleur ; sa température augmente, et des formules, que nous indiquerons par la suite, permettent de calculer cet accroissement de chaleur.

II. — On refroidit le gaz comprimé avec de l'eau à la température ambiante : la température diminue jusqu'au degré de l'eau environ; la pression baisse également, si nous supposons, ce qui est le cas en industrie, que le volume est resté constant.

III. — On laisse le gaz se dilater librement, sans lui communiquer ni sans lui enlever de la chaleur : sa température baisse au-dessous de la température ambiante, et c'est à cet instant que se produit le froid que l'on utilise.

IV. — Enfin, le gaz se réchauffe précisément au contact du liquide qu'il a à refroidir, et il arrive, avec la température du bain, à la machine de compression, qui recommence le même cycle indéfiniment.

On voit aussitôt qu'il existe dans ces machines une cause de perte inévitable, inhérente à la manipulation même. On a comprimé un gaz jusqu'à un certain état de température, de pression et de volume; si on le laissait alors se dilater, il restituerait en calories négatives exactement ce qu'il aurait reçu dans la compression; mais, avant de le dilater, on le refroidit, sans quoi la température ne descendrait pas au-dessous de la température ambiante. Par conséquent, le gaz, ayant une pression moindre, se refroidit relativement moins pendant la détente, et l'abaissement de température n'est pas égal à l'accroissement qui s'était produit pendant la compression.

La figure 4 va nous permettre de suivre et d'expliquer ces opérations successives.

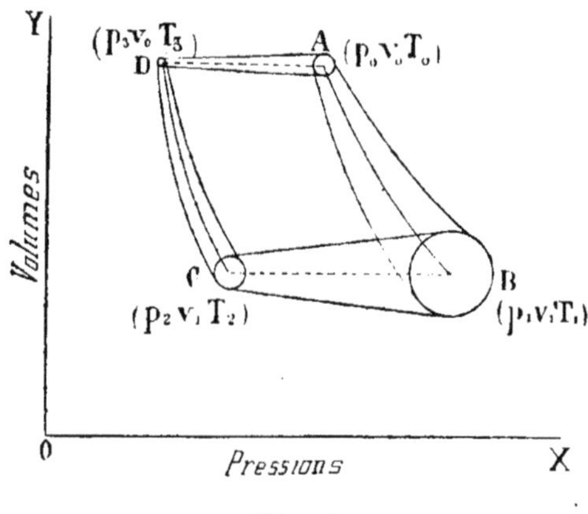

Fig. 4.

Supposons le gaz partant de la position A, rapportée à deux axes de coordonnées rectangulaires représentant les pressions et les volumes.

Figurons, d'une manière conventionnelle, les températures par des cercles dont la surface leur sera proportionnelle, cette représentation n'ayant d'autre but que de mieux montrer aux yeux les phases du phénomène.

Quand on comprime le gaz dans la première

opération, son volume diminue, sa pression et sa température augmentent. S'il n'y a pas de transmission de chaleur, la pression et le volume varient ensemble, suivant une fonction nommée adiabatique; la ligne adiabatique est la ligne A B, et le cercle qui va en s'agrandissant figure l'augmentation de température.

Le cercle B, en position et en grandeur, représente, au même titre que les cercles A, C, D, l'état du corps entièrement défini : pression, volume et température.

De B à C, comme nous l'avons indiqué dans la deuxième opération, on refroidit le gaz, ordinairement, dans la pratique, avec de l'eau à la température ambiante : la température et la pression baissent proportionnellement.

Le gaz à l'état (C) se dilate librement, suivant une ligne adiabatique C D, et il arrive à l'état (D), point auquel la température est minima.

Dans la quatrième opération, le gaz se réchauffe au contact du liquide qu'il doit refroidir et revient finalement à l'état primitif A, après avoir suivi la ligne D A, pendant le parcours de laquelle la température et la pression ont augmenté proportionnellement.

Cherchons le coëfficient économique théorique de la machine disposée comme ci-dessus.

D'après une loi connue, lorsqu'un gaz se dilate ou se comprime, suivant une ligne adiabatique, le produit de la pression, par une puissance déterminée du volume, est une quantité constante. L'exposant du volume est égal au rapport des chaleurs spécifiques à pression constante et à volume constant.

$$p v^{k} = M \qquad K = \frac{0,2375}{0,1684} = 1,41$$

$$p v^{1,41} = M \quad \text{ou} \quad \frac{p}{p'} = \left(\frac{v'}{v}\right)^{1,41}$$

Suivant la loi de Mariotte, $p\,v = R\,T$.

$$\frac{pv}{p'v'} = \frac{T}{T'} \qquad \frac{T}{T'} = \left(\frac{v'}{v}\right)^{1,41-1} = \left(\frac{v'}{v}\right)^{0,41}$$

D'après la fig. 4, nous voyons que le gaz ne subit que deux changements de volume de v_0 à v_1, puis de v_1, à v_0

et l'on a
$$\frac{T_1}{T_0} = \left(\frac{v_0}{v_1}\right)^{0,41}$$

$$\frac{T_2}{T_3} = \left(\frac{v_0}{v_1}\right)^{0,41} \quad \text{donc}$$

$$\frac{T_1}{T_0} = \frac{T_2}{T_3} \quad \text{ou} \quad T_1\,T_3 = T_0\,T_2$$

équation que l'on retrouve également dans la théorie des machines à air chaud.

Or, T_0 et T_2 sont des températures fixes d'après les conditions de la machine : on dispose par exemple d'eau à une température connue, la température moyenne du lieu, et l'on veut avoir une température déterminée dans le bain congélateur, par exemple — 4° ; le produit T_0 T_2 est donc une quantité fixe constante que nous désignerons par S. T_1 $T_3 = S$. Donc si T_1 est très élevée, T_3 est d'autant plus faible.

La chaleur dont on disposait, celle qui a été enlevée au gaz comprimé, est proportionnelle à $T_1 - T_2$; celle qui a été restituée sous forme utile, c'est-à-dire en froid, est proportionnelle à $T_0 - T$, et la machine sera d'autant meilleure que l'écart entre ces deux quantités sera plus faible, c'est-à-dire que

$$T_1 - T_2 + T_0 - T_3 \text{ sera plus petit.}$$

T_2 et T_0 sont constants, il faut donc que $T_1 - T_3$ soit le plus rapproché possible de $T_2 - T_0$, il faut rendre minimum $T_1 - T_3$ ou $T - \frac{S}{T_1}$ Or, cette quantité augmente avec T_1 ; la machine sera donc d'autant meilleure que l'augmentation de tempéture dans la compression sera plus faible, c'est-à-dire que la dénivellation sera moins grande.

Nous retrouvons ainsi le résultat que nous avions obtenu du reste par un raisonnement général au commencement de cette étude.

Or, la plus petite valeur, ou la valeur limite de la compression, est la température ambiante.

Cette limite guidera dans les calculs. Supposons que l'on veuille faire fonctionner une machine à air avec un bain à — 3° et de l'eau à + 20° :

I. — Prenons d'abord $T_1 = T_2 + 7$.

Nous avons, en convertissant les premiers degrés centigrades en degrés partant du zéro absolu :

$$T_3 = \frac{270 \times 293}{294 + 7} = 263{,}7 \text{ soit } - 9^o\,3$$

l'écart de chaleur est — 3° à + 27°, soit 30° ;
l'écart de froid +20° à — 9.3, soit 29°,3 ;
la différence est assez faible.

II. — Prenons maintenant $T_1 = T_2 + 107$;

$$T_3 = \frac{270 \times 293}{293 + 107} = 200 \text{ environ soit } - 73$$

l'écart de chaleur est de — 3 à 127, soit 130° ;
l'écart de froid, + 20 à — 73, soit 93°.

L'écart s'accentue et deviendrait d'autant plus grand que la première température serait plus élevée.

Ainsi donc, plus on élevera le degré de la compression, moins on recueillera, comparativement, de calories négatives. C'est pourquoi l'on cherche à ne faire fonctionner les machines à air qu'entre des limites de température aussi rapprochées que possible, solution qui serait parfaite si elle ne devait pas conduire d'autre part à une augmentation exagérée des organes de la machine.

Ces machines à air servent de type à presque toutes les autres, et leurs organes essentiels, leur fonctionnement se reproduisent en tout ou en partie dans les autres appareils. Aussi les théories que nous donnons sont-elles d'une généralisation assez grande et d'une application facile.

Nous allons chercher, dans le cas général, à établir théoriquement le travail qui correspond à un refroidissement donné.

Désignons par C le nombre de calories à extraire, R le travail en kilogrammètres qu'il faudrait employer, T_1 et T les températures absolues exprimées en degrés centigrades; d'abord celle du corps intermédiaire à refroidir, c'est la température ambiante T, puis celle du corps refroidi autant que possible; E est l'équivalent mécanique de la chaleur: 425 kilogm. Supposons que nous refroidissions de l'eau par le moyen d'une machine à air et que l'air comprimé soit ramené à la température ordinaire par un courant d'eau qui représente un corps d'un volume énorme à température constante.

Nous pouvons, en prenant le cycle en un point de son parcours supposer que nous partons de la température la plus basse : l'air est d'abord comprimé de la température T à la température T_1, qu'il ne peut pas dépasser à cause de l'eau employée dans le réfrigérant. Le phénomène peut être considéré comme accompli en deux phases : l'air est d'abord comprimé jusqu'à la température T_1 à un volume et à une pression déterminés, puis on continue à le comprimer suivant une courbe adiabatique.

Maintenant le gaz est à la position C fig. 5 à une température T, et à un volume déterminé par l'agencement de la machine.

Nous allons chercher par quel chemin il faudrait opérer la détente pour le ramener à la position initiale avec un rapport C/R maximum, c'est-à-dire pour extraire le plus de calories possible avec le moindre travail.

Le travail maximum sera obtenu si le gaz fonctionne suivant un cycle de Carnot, c'est-à-dire si on le laisse d'abord se détendre suivant une ligne adiabatique, et continuer ensuite sa détente suivant une ligne isothermique; il suivra alors le chemin indiqué dans la fig. 5, qui forme avec la pré-

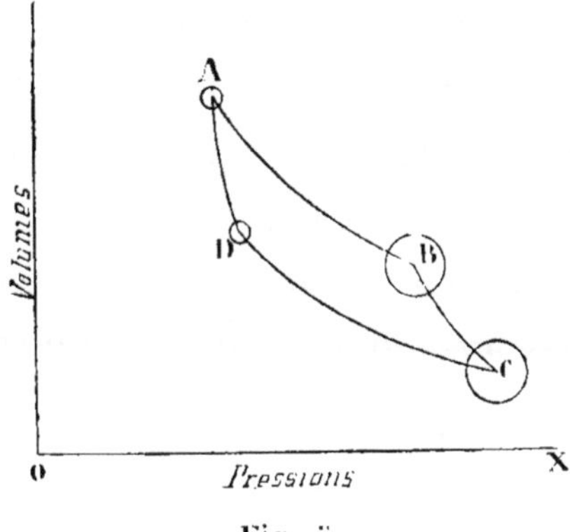

Fig. 5.

cédente le cycle complet. Mais alors on sait évaluer le travail qu'il faut accomplir pour effectuer ces transformations ; il est donné par la formule

$$R = E\,C'\,\frac{T_1 - T}{T_1}$$

d'où

$$\frac{C'}{R} = \frac{1}{E}\frac{T_1}{T_1 - T}$$

mais cette formule nous donne le rendement pour une chute de chaleur $T_1 - T$ à la température T_1; en réalité notre terme de chute est la température T, et le nombre de calories divisé par le travail est donné par la formule analogue

$$\frac{C}{R} = \frac{1}{E} \frac{T}{T_1 - T}$$

Ce rapport sera d'autant plus grand que $T_1 - T$ sera plus faible, c'est-à-dire que la machine fonctionnera entre des limites plus étroites de températures, mais il sera aussi d'autant plus fort que la température T sera plus élevée.

Il est donc plus avantageux de faire fonctionner les machines avec des bains réfrigérants à aussi haute température que possible.

Une machine dont le bain n'aura que — 3° ou — 4°, consommera moins que si l'on abaisse la température à — 20° ou — 40°.

La formule ci-dessus nous permet d'évaluer le nombre de calories maximum à espérer obtenir avec un travail donné.

La formule donne

$$C = \frac{1}{E} \cdot \frac{R \times T}{T_1 - T}$$

Cherchons, pour fixer les idées, la quantité de calories à obtenir avec des températures extrêmes de — 3 pour le bain congélateur et + 17 pour l'eau servant à refroidir, et pour un travail dépensé de un cheval, soit 270,000 kilog. par heure.

$$T = 273 - 3 = 270$$
$$T_1 - T = 17 + 3 = 20$$
$$C = \frac{1}{425} \times \frac{270 \times 27000}{20}$$

et pour avoir le nombre de kilogrammes de glace, il suffira de diviser par 100 la valeur trouvée pour C

$$Q = \frac{270 \times 270}{2 \times 425} = \frac{135 \times 270}{425}$$

soit près de 86 kilog. de glace, chiffre plus grand que celui que nous avions indiqué au commencement de cette étude.

Il semblerait même possible de l'augmenter encore presque à volonté et d'arriver théoriquement à des quantités énormes de glace en rapprochant les deux températures limites.

Cela veut dire en reprenant le point de départ ou le cycle de Carnot, que l'on obtient un très mauvais travail avec beaucoup de calories, dans les machines à air chaud, quand les températures extrêmes sont peu différentes, tandis que dans cette même hypothèse, le résultat calorimétrique serait excellent dans les machines à froid.

Mais il est clair que dans la pratique ce rendement calorimétrique a une limite et qui est même loin de celle que nous avons indiquée, 80 kilog. par kilog. de charbon supposé donnant 8,000 calories.

Puis il n'est pas rigoureusement exact d'envisager comme nous l'avons fait le cycle de notre machine à glace. En réalité, on opère non pas entre les températures T et T_1, mais bien entre des températures plus éloignées : $T - \theta$ et $T_1 + \theta'$; le gaz s'est élevé à une température plus haute que celle du bain ou foyer de chaleur ; il s'est refroidi à une température plus basse que celle du réfrigérant.

Il faut bien se rappeler aussi que dans la pratique, les températures $T - \theta$ et $T_1 + \theta'$ sont forcément assez éloignées. Pour l'air, par exemple, il est difficile de supposer que l'on comprime, à moins de deux atmosphères, et déjà pour cette pression l'augmentation de température est de 85°.

Supposons toujours pratiquement un abaissement de — 60°, l'équation précédente nous donne

$$C = \frac{270000 \times 213}{(85 + 60)\,425} = \frac{270000 \times 213}{145 \times 425} \text{ soit } 935 \text{ environ.}$$

Le rendement maximum de ces machines serait donc de 9 k., 35 de glace par force d'un cheval, et en effet, les meilleures machines à air froid donnent par exemple pour de grandes productions 68,000 calories négatives pour 75 chevaux, et d'après notre calcul, on obtient un chiffre bien voisin : 70,125 calories.

Les machines dites à compression peuvent théoriquement rendre davantage.

Dans ces machines, on comprime un gaz coercible jusqu'à sa liquéfaction, et on utilise ensuite le froid produit par la vaporisation de ce liquide. Le travail absorbé par la compression dans ces circonstances est bien moins grand que précédemment.

Si l'on comprime de l'air du volume 1 au volume 100, on obtient de l'air à 100 atmosphères et une élévation de température énorme, tandis que si l'on comprime un gaz liquéfiable dans les mêmes conditions, la pression s'élève à peine, parce que le gaz se liquéfie au fur et à mesure, et l'élévation de température produite par le dégagement de chaleur latente du liquide est relativement peu considérable.

Considérons l'ammoniaque : 100 litres de gaz pèsent 76 gr., et si on les comprime dans les conditions ci-dessus on obtient 1 litre de gaz à 5 atmosphères, soit 5' × 0,76 = 3gr.,80 de gaz et 72 gr.80 de liquide.

Ces 72, 80 ont abandonné 0,072 × 311 calories ou 22 calories 14.

On voit donc que l'on peut, dans une théorie élémentaire, ou mieux pour une explication élémentaire, dire que dans les machines à compression on comprime un gaz particulier qui s'échauffe moins pour de très grandes pressions que les gaz non liquéfiables, et que par conséquent on pourra, au profit du rendement, opérer entre des températures peu éloignées, malgré les fortes pressions. Il suit de là qu'en principe, ces machines seront meilleures que les précédentes.

Une machine à ammoniaque, fonctionnant par exemple entre 9 atmosphères à + 20° et 1 atmosphère à — 33°, rendra beaucoup plus qu'une machine à air travaillant entre ces mêmes limites de pression, car pour la pression de 9 atmosphères, l'air se serait échauffé de 281°.

On aperçoit aussi plusieurs autres avantages de ces machines : entre le foyer et le congélateur, il n'est plus besoin de pompes ni d'organes intermédiaires; un simple robinet suffit, pourvu qu'on le règle de manière à débiter en liquide la même masse que la pompe débite en gaz dans un même espace de temps.

Si nous reprenons notre formule précédente dans laquelle nous ferons

$$T = 273 - 34 = 240$$
$$T_1 - T = 20 + 33 = 53$$

nous arriverons à trouver un rendement de 27 k.80 de glace par force de cheval.

Il est à remarquer qu'entre les mêmes températures susdites, le rendement est indépendant du liquide que l'on emploie ; on choisira les liquides volatils, facilement maniables et ne détériorant pas les organes des machines.

Le travail absorbé par les organes mécaniques abaisse notablement le chiffre de 27 k. 8.

Nous devons remarquer ici que la théorie complète de ces machines, d'une exposition assez longue et pénible comme calculs, ne conduit pas à des conclusions beaucoup plus satisfaisantes ni à des résultats complets, parce que certaines données nous manquent. On sait que la chaleur de volatilisation d'un liquide peut être représentée par une formule de la forme $a + bt$ ou bien $a + b^{c + dt}$, mais la vraie formule et la valeur des coëfficients sont bien peu connues pour la plupart des liquides.

Pour l'eau, la fonction établie par Regnault est suffisamment approchée ; quelques recherches ont été faites également sur l'ammoniaque, l'acide sulfureux et l'acide carbonique ; mais dans la plupart des cas, la théorie reste impuissante et les machines ne peuvent être utilement comparées que par des expériences pratiques. C'est ce parallèle que nous établirons après la description des principaux types de machines à glace.

Il nous reste à examiner les machines à affinité ou à absorption.

Pour nous rendre compte de ce qu'il est possible d'obtenir théoriquement avec des machines à affinité, considérons la machine de laboratoire que nous supposerons placée sur un foyer des plus perfectionnés.

Voici le principe de cette machine que nous décrirons plus loin. On chauffe dans un vase clos une dissolution d'ammoniaque ; le gaz se sépare de l'eau, sa pression monte à mesure que la température s'élève, puis l'ammoniac se liquéfie, c'est $A_z H^3$ pur.

On enlève le feu et on refroidit la chaudière, l'ammoniac se gazéifie de nouveau et vient se dissoudre dans l'eau. L'eau dissout à la température ordinaire 500 fois environ son volume d'ammoniac, l'ammoniac gazeux pèse à peu près 3/4 de gramme, 1 litre,4 pèse 1 gramme, 1,400 litres 1 kilog. et 14/5 ou 2 litres, 8, représente le volume d'eau nécessaire pour dissoudre 1 kilog. d'ammoniac gazeux.

Prenons en chiffre rond 3 litres d'eau pour 1 kilog. d'ammoniac. Il faut chauffer cette dissolution jusqu'à 140° en moyenne et lui communiquer par conséquent, en prenant la chaleur spécifique de la dissolution ammoniacale égale à celle de l'eau 4 × 140 calories ou 560 calories. Les meilleurs foyers volatilisent en pratique 7 kilog. d'eau à 100 par kilog. de charbon ou donnent par kilog. 7 × 637 calories, soit : 4,459 calories ou les 56/100 de la chaleur totale ; il faudra en conséquence, pour volatiliser le gaz ammoniac, fournir à l'eau ammoniacale 560 × 100/56 calories dans le foyer ou 1,000 calories.

L'ammoniac liquéfié se volatilise en absorbant

de la chaleur : si cette chaleur latente est prise égale à 300 calories, on obtient par la réabsorption du gaz, 300 calories négatives : 300 × 8 ou 2,400, soit 24 kilog. de glace environ.

En réalité, ce chiffre paraît rarement atteint.

La théorie complète de ces machines a été parfaitement donnée par l'ingénieur Ledoux en 1878 ; les premiers calculs conduisent à des rendements énormes (305 kilog.), mais en pratique de nombreuses influences tendent à abaisser ce chiffre : l'ammoniac gazeux entraîne de l'eau dont il faut tenir compte ; puis il est nécessaire de refroidir le réfrigérant, parce que l'ammoniac, en se dissolvant dans l'eau, dégage beaucoup de chaleur, et que l'élévation de température s'opposerait à la réabsorption du gaz ; il faut en outre une pompe pour conduire les liquides. Malgré cela, les rendements de ces machines sont satisfaisants, et le travail mécanique qu'elles absorbent est relativement faible.

En résumé, au strict point de vue théorique, ces machines à affinité occupent le premier rang ; puis viennent les machines à volatilisation de liquide, appelées aussi machines à compression ; les machines à air donnent les plus faibles rendements.

INTRODUCTION

Nous ne nous arrêterons pas à l'étude des mélanges réfrigérants dont l'importance industrielle est nulle. Ces moyens, assez primitifs, d'obtenir des abaissements de température, étaient autrefois employés dans les laboratoires ou dans les officines des pâtissiers. Ils sont aujourd'hui presque partout abandonnés avec raison, car les substances chimiques qui les composaient étaient d'un prix élevé, relativement au faible rendement en glace, et quelques-uns de ces mélanges étaient même d'un maniement dangereux.

Nous commencerons par décrire les machines à air, puis les machines à compression, pour terminer par les machines à affinité ou à absorption. Dans toutes les machines à glace, en général, on est conduit à mettre en présence deux corps à température différente et fixes : l'un à la température ordinaire ; c'est habituellement l'eau que l'on emploie pour cet usage; elle sert à refroidir les gaz ou les vapeurs comprimées ou liquéfiées.

L'autre corps à basse température est le réfrigérant.

C'est un bain incongelable dont la température est maintenue par la machine à plusieurs degrés au-dessous de zéro.

Ce bain est ordinairement composé de dissolution de sels dans l'eau. On prend, soit le chlorure de calcium, soit le chlorure de magnésium, soit même le sel de cuisine, chlorure de sodium. Ces dissolutions suffisamment concentrées ne gèlent pas à des températures de 4 ou 5° au-dessous de zéro. Cependant, comme par accident, la température pourrait s'abaisser au-dessous de ces points et déterminer la congélation du liquide, il est bon de ménager une libre dilatation du réfrigérant ou d'agencer ses pièces composantes de telle sorte qu'elles puissent être facilement réparées ou remplacées.

MACHINES FONCTIONNANT PAR LA DÉTENTE DE L'AIR COMPRIMÉ

Systèmes P. Giffard : pistons Tellier.

Le problème, comme nous l'avons indiqué dans la théorie précédente, consiste à comprimer de l'air, à refroidir jusqu'à la température ambiante cet air qui s'était échauffé, et enfin à le laisser se détendre pour produire l'abaissement de température.

Par conséquent les appareils à glace se réduisent, en principe, à deux pompes et à deux récipients.

Mais, l'air est un corps mauvais conducteur de la chaleur, et les augmentations de température sont aussi difficiles à modérer que les refroidissements à obtenir d'une manière rapide et complète. La plupart des constructeurs ont imaginé des pistons ou des cylindres pour arriver à faciliter ces échanges de température.

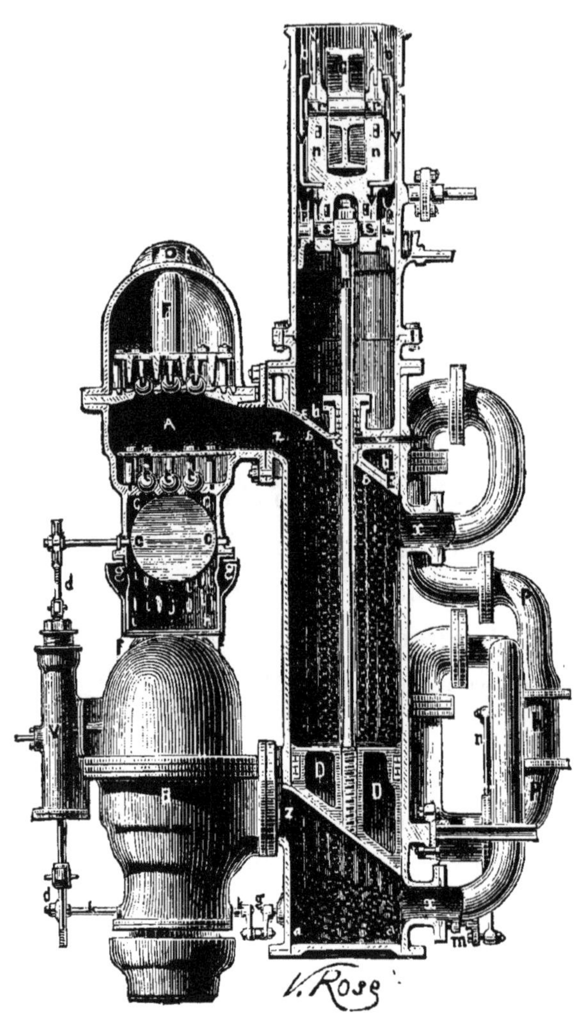

Fig. 6.

La fig. 6 représente la disposition imaginée par M. Tellier. Elle consiste à placer dans le cylindre compresseur ou détendeur un grand nombre de chaînes métalliques, formant pour ainsi dire une éponge conductrice de la chaleur; d'autres constructeurs font circuler les gaz à travers des toiles métalliques ou les laminent entre des espaces resserrés.

La question de la compression sans augmentation notable de température a été résolue d'une manière pratique par l'ingénieur suisse Colladon, à l'occasion du percement des grands tunnels des Alpes.

Son appareil consiste en un cylindre dans lequel se meut un piston compresseur; c'est une pompe à air à double effet. A chaque extrémité du cylindre, il y a trois soupapes, dont deux à la partie supérieure et une à la partie inférieure. Les deux premières laissent passer l'air aspiré par le piston, lorsqu'il s'éloigne et fait le vide; la troisième soupape s'ouvre sous la pression de l'air comprimé et établit la communication avec les canaux d'écoulement et le réservoir d'air.

On a, dans ces applications, groupé trois compresseurs semblables, côte à côte sur le même bâti, pour régulariser le mouvement.

Pour combattre l'élévation de la température qui résulte de la compression, l'habile ingénieur a employé deux moyens agissant simultanément dans le même but. Tout d'abord il fait circuler de l'eau froide dans la tige du piston et dans le piston lui-même qui, sous l'influence de ce courant, restent sensiblement à une température courante; puis, comme ce refroidissement serait insuffisant, M. Colladon établit dans le cylindre une injection d'eau pulvérisée filtrée pure, et pénétrant sous l'influence d'un grand excès de pression.

Par l'emploi de ces deux moyens, on obtient, avec des pompes donnant cent coups de piston à la minute, de l'air qui dans l'exemple cité était à 14 atmosphères, sans que l'élévation de température dépassât 12 à 15° centigrades, le volume d'eau injecté n'étant cependant que la douze centième partie de celui de l'air aspiré.

On a établi des pompes de ce système faisant 166 révolutions par minute et ne donnant lieu, pour une pression de 14 atmosphères, qu'à une surélévation de chaleur de 20 à 30°.

L'eau qui a servi à refroidir l'air est évacuée en même temps que l'air comprimé.

MM. Sautter et Lemonnier ont adjoint à une

pompe de leur construction un *sécheur* formé de deux cylindres concentriques en tôle, qui renferment à leur intérieur une série de surfaces coniques dirigées alternativement vers le haut et vers le bas.

L'air, lancé contre ces surfaces, laisse son excès d'eau. Avec la marche normale de 45 tours par minute, la production totale d'air comprimé était dans le même temps de 2,490 litres à une pression de 8 atmosphères, pour un travail de 100 à 150 chevaux.

On pouvait avoir 10,000 litres à 2 atmosphères, avec la même dépense de force.

Mais pour l'application qui nous occupe, ces moyens ne sont pas tout à fait à recommander, parce que l'air reste saturé d'humidité qui, en se solidifiant, donne de la neige ou du givre; il est préférable de toujours employer les condensateurs à surface.

Ces machines à air sont en principe très simples et présentent l'avantage de pouvoir donner immédiatement de l'air froid, sec et pur, puisque l'eau s'est condensée dans le travail et a précipité avec elle presque tous les germes primitivement contenus dans l'air.

Lorsqu'on les applique au refroidissement de l'air, il est avantageux de faire rentrer dans la machine l'air provenant des chambres à froid; cet air est encore à une température inférieure à la température ambiante, et il résulte de cette manière de procéder une économie notable.

Si la machine est destinée à produire et à refroidir une dissolution pour la fabrication de la glace, par exemple, il est avantageux de la disposer pour travailler toujours avec le même air; la machine est close, ne communique plus avec l'atmosphère. On opère donc toujours sur de l'air sec et l'on n'a plus à se préoccuper des encombrants dépôts de givre.

La fig. de notre frontispice représente une perspective de l'appareil P. Giffard.

On voit combien le mécanisme en est simple et ingénieusement groupé : les deux pompes de compression et de détente sont mises en mouvement par le même arbre, et le gaz détendu et froid peut être immédiatement employé.

Cette simplicité de la manœuvre, de la mise en marche, a fait adopter cette machine dans les cas où l'on doit se procurer de l'air froid et dépourvu de ses germes de maladie, par exemple pour la ventilation des ateliers industriels ou des salles habitées, pour l'aération et le refroidissement des abattoirs ou des entrepôts frigorifiques.

Du reste, cette machine a été plusieurs fois contrefaite dans ces dernières années.

MACHINES A COMPRESSION

Machine à anhydride sulfureux.

Système Raoul Pictet.

Cette machine constitue un type excellent des machines à compression, elle est simple, solidement agencée, facile à conduire. Aussi, allons-nous l'étudier avec quelques détails, en décrire la vérification, le montage, la mise en marche, pour donner un exemple général des opérations analogues à effectuer dans les autres machines. Aujourd'hui, on se procure dans le commerce l'acide sulfureux, l'ammoniaque, l'acide carbonique à l'état liquide, et, par conséquent, le remplissage des machines, la vérification, etc., sont à peu près les mêmes dans tous les systèmes.

L'acide sulfureux anhydre bout à — 10°, sous la pression atmosphérique. Si l'on en verse dans une capsule découverte, la température du liquide s'abaisse immédiatement à — 10°. L'acide sulfureux, renfermé dans une bonbonne hermétiquement close, prend la température ambiante, et la tension des vapeurs dégagées augmente progressivement. A — 10° de chaleur, cette tension est d'une atmosphère effective; à 30°, elle est de trois atmosphères, etc.

Si l'on suppose que l'on ait, dans un premier réservoir bien clos, une certaine quantité de ce liquide à la température ambiante, et que la partie supérieure de ce réservoir communique avec une pompe aspirante et foulante, les vapeurs contenues dans le réservoir pourront être aspirées par la pompe et chassées au dehors; la pression exercée est alors diminuée : aussitôt, le liquide émet de nouvelles vapeurs, en remplacement de celles enlevées par la pompe, et entre en ébullition. L'ébullition fait passer un certain poids d'acide sulfureux de l'état liquide à l'état gazeux. Pour opérer ce changement d'état, 1 kilog. d'acide sulfureux absorbe 100 calories environ.

Cette chaleur, pour être fournie au liquide contenu dans le réservoir, doit être soustraite, soit au liquide lui-même, soit aux parois du réservoir, soit surtout et principalement au liquide extérieur. La tension des vapeurs qui se forment diminue au fur et à mesure que la température s'abaisse. La température du réservoir, que l'on nommera réfrigérant, sera exactement — 10°, quand la tension sera égale à la pression atmosphérique. Le liquide dans lequel est plongé le réfrigérant participe à cette basse température : si c'est de l'eau ordinaire, elle se congèlera rapidement contre les parois du réservoir; au contraire, si l'eau est saturée de sels, le liquide incongelable descendra à — 10°. Si on y plonge des moules contenant de l'eau pure, la congélation de cette eau sera obtenue alors sous forme de pains de glace.

L'opération serait de courte durée si l'acide sulfureux alors évaporé ne rentrait pas dans le réfrigérant, puisqu'elle cesserait dès que la provision du liquide aurait disparu; mais, au lieu de perdre les vapeurs aspirées par la pompe, on les recueille dans un second réservoir désigné sous le nom de condenseur immergé dans un courant d'eau ordinaire. A chaque coup de piston, la pompe refoule une nouvelle quantité de vapeur, et la pression monte immédiatement dans le condenseur. Ces vapeurs se condensent sous forme de liquide dès que la pression a atteint le maximum de sa tension, à la température de l'eau courante. Les vapeurs abandonnent ainsi toute la chaleur qu'elles ont absorbée pendant leur volatilisation dans le réfrigérant à l'eau qui s'échauffe et s'écoule continuellement.

A chaque tour de pompe, on reconstitue dans le condenseur une quantité de liquide égale à celle qui disparaît dans le réfrigérant. Dans le condenseur, la pression est toujours supérieure à celle du réfrigérant, puisque la température est inégale dans les deux réservoirs et que le réfrigérant est le plus froid.

On utilise cette différence de pression pour restituer au réfrigérant le liquide qui s'évapore par le moyen d'une disposition très simple : un tuyau part de la partie supérieure du condenseur où le liquide est accumulé, puis débouche dans le réfrigérant. Un robinet de réglage, permettant d'étrangler l'orifice, est disposé sur ce tuyau, de sorte que le liquide formé, sollicité par la différence de pression, s'écoule continuellement du condenseur dans le réfrigérant, et on règle l'écoulement pour que la quantité du liquide qui passe soit égale à celle enlevée par le jeu de la pompe. Au moyen de cette disposition, le mouvement de la machine est continu ; l'on peut produire d'une façon régulière du froid et de la glace.

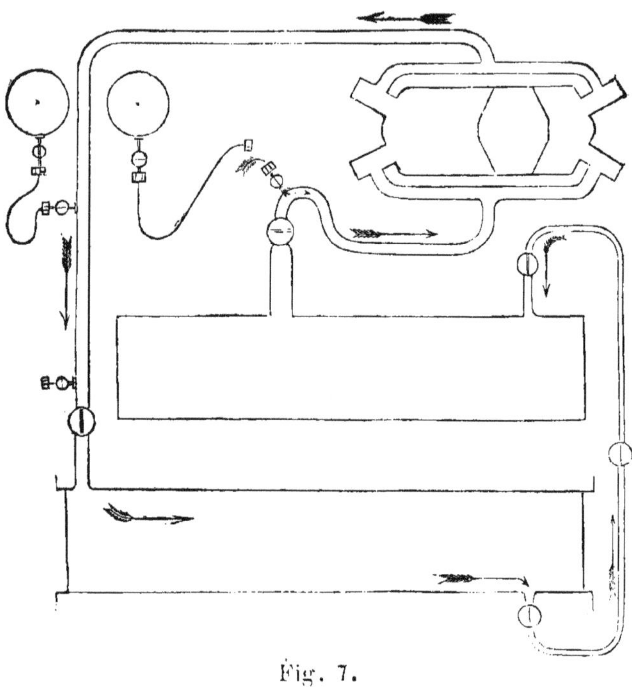

Fig. 7.

La quantité de froid produite est proportionnelle à la puissance de la pompe et au poids du liquide évaporé.

L'appareil théorique se compose ainsi de trois organes essentiels :

1° Un réfrigérant contenant de l'acide sulfureux anhydre;

2° Une pompe aspirante et foulante;

3° Un condenseur.

On y ajoute un robinet de réglage servant au retour de l'acide condensé dans le réfrigérant.

Le croquis ci-joint représente le schema de l'ensemble de la disposition fig. 7, et la fig. 8 une vue perspective de la machine en activité.

Réfrigérant.

Pour obtenir une ébullition rapide de l'acide sulfureux, on emploie le système adopté dans les chaudières tubulaires. Le réservoir se compose d'une enveloppe cylindrique en cuivre, fermée aux deux extrémités par des fonds épais percés de trous; on engage dans chaque trou un tube de cuivre qui traverse le cylindre dans toute sa longueur et va déboucher à l'orifice du trou correspondant de l'autre fond. De cette manière on forme tout un faisceau tubulaire qui est hermétiquement soudé à l'étain après un matage soigné des tubes. Avant d'être placé sur la machine, chaque tube doit être essayé à une forte pression.

Fig. 8.

Au milieu du grand cylindre, est une large colonne destinée à jouer le rôle du dôme à vapeur; c'est là qu'aboutit le tuyau d'aspiration de la pompe que l'on peut isoler par un robinet. On pratique sur l'enveloppe extérieure du réservoir un second orifice, qui doit servir au retour de l'acide liquéfié; un autre robinet permet d'en fermer l'ouverture.

Cet appareil doit être construit parfaitement étanche. Pour s'assurer de cette condition indispensable, après y avoir comprimé de l'air à cinq ou six atmosphères, on le plonge dans une cuve pleine d'eau ou d'eau de savon. Si on examine de près les deux fonds du réfrigérant, on ne doit pas distinguer la moindre bulle à la surface.

On remplit ensuite les tubes, on place l'appareil sur une plaque de caoutchouc, puis on examine de nouveau; de cette façon s'il n'y a pas trace de bulles d'air, on est absolument sûr que le réfrigérant est irréprochable. On dispose le réfrigérant tubulaire au milieu d'une grande cuve rectangulaire, afin de pouvoir utiliser le froid produit par l'évaporation de l'acide sulfureux. Une circulation très active d'eau contenant en dissolution du chlorure de magnésium est entretenue en mouvement par le jeu d'une hélice située à l'une des extrémités.

Une portion de tube où deux parois verticales et étanches obligent le courant d'eau salée à passer dans l'intérieur des tubes et autour de la surface extérieure du réfrigérant. On ménage à chaque extrémité des ouvertures qui permettent à l'eau de passer dans l'intérieur du réfrigérant et de sortir derrière l'hélice pour circuler autour des mouleaux placés dans la cuve. Il est bon de protéger ce réfrigérant avec des débris de liège ou toute autre matière non conductrice de la chaleur, mais cependant non hygrométrique. On double aussi l'intervalle compris entre la paroi métallique de la cuve et son enveloppe pour empêcher le réchauffement par l'air ambiant.

On peut recouvrir la cuve d'un plancher formé de volets mobiles en bois reposant sur un cadre qui l'entoure; ces volets reposent aussi sur des traverses en fer cornières disposées suivant l'arrangement des mouleaux à glace, pour permettre de les enlever partiellement sans découvrir toute la cuve.

Pompe et son piston.

Le piston présente une grande surface de contact avec les parois intérieures du cylindre. Il porte une série de rainures parallèles, en forme de cannelures, afin d'assurer une herméticité parfaite. Ces cannelures servent à augmenter l'effet produit par la détente des gaz s'écoulant d'une cannelure à l'autre par des orifices très petits.

Clapets.

Les clapets sont au nombre de quatre : de chaque côté du cylindre, qui agit à double effet, se trouvent un clapet d'aspiration et un clapet de refoulement.

Le corps de chaque clapet est en acier, la tige assez épaisse et le disque résistant. Le guidage est aussi long que le comporte la chapelle extérieure du cylindre, espèce de boîte en bronze destinée à protéger le mécanisme. Sur la tige du clapet agit un ressort environ vingt fois plus long que sa course. Le ressort de l'aspiration est faible, la pression qu'il exerce est au plus de 1/20 d'atmosphère sur la surface du disque obturateur. Le clapet est arrêté dans sa course par un croisillon qui sert à l'empêcher de tomber, si toutefois il venait à se briser et dans l'intérieur d'une gaîne qui en retient les fragments en cas de rupture, est logé le ressort à boudin.

Une condition essentielle de bon rendement est la douceur du clapet d'aspiration ; car les gaz, aspirés par la pompe, entrent dans le cylindre avec d'autant plus de facilité qu'ils rencontrent moins de résistance. Au moyen de l'écrou fixé sur la tige du clapet, on règle la tension du ressort d'aspiration ; le serrage doit être opéré de telle sorte que si l'on place le ressort verticalement, le disque dirigé en bas, le ressort supporte le poids du clapet, de manière à le maintenir seulement sur son siège. Il faut que la moindre pression exercée sur la tige fasse mouvoir le ressort, et que celui-ci ramène le clapet aussitôt que la pression cesse. Le contre-écrou tenant le ressort doit être fixé, car sans cela l'écrou pourrait se dévisser et le clapet ne fonctionnerait plus. Les clapets d'aspiration sont construits sur le même principe que ceux de refoulement, mais le ressort est beaucoup plus puissant qu'à l'aspiration et doit agir avec une force correspondant à 1/10 d'atmosphère au maximum sur la section de sortie des gaz. La tension du ressort de refoulement est réglée comme précédemment, et la puissance du ressort atténue les mouvements brusques produits inévitablement par le jeu de la pompe. Le clapet de refoulement s'appuie sur son siège presque sans choc au moment où le piston arrive à fin de course, avec un ressort convenablement bandé. Les deux boîtes à clapets d'aspiration, aussi bien que celles de refoulement, sont reliées par des tuyaux qui portent des brides d'attente pour le tuyau reliant la pompe au réfrigérant du côté de l'aspiration, et pour le tuyau qui relie la pompe au condenseur du réfrigérant, côté du refoulement.

Sur ces deux tuyaux ou culottes sont placés deux petits robinets servant au raccordement des manomètres de la pression. Deux robinets semblables sont placés en dessous. Celui placé sous la culotte sert à faire rentrer l'air pendant les essais à l'air comprimé, celui placé sous la culotte de refoulement sert à vider les tuyaux des gaz qu'ils contiennent lors de la mise en train.

Dans ces machines, le presse-étoupes affecte une disposition spéciale destinée à le rendre étanche ; il est partagé en deux parties.

Une première garniture établit un premier joint entre la tige du piston et l'intérieur du cylindre ; un anneau évidé en fonte se trouve dans cette garniture métallique. Après l'anneau vient une cavité que l'on remplit de corde enduite de talc, ou que l'on bourre avec du liège paraffiné, corps onctueux et facilitant les mouvements. Un anneau de caoutchouc est placé sur la bague en fonte fermant l'entrée du presse-étoupes ; il se comprime une fois que le serrage est opéré et empêche alors les fuites du côté de la paroi du presse-étoupes. Les gaz ayant passé dans la cavité formée par l'anneau métallique pendant le refoulement, trouvent une capacité formée par la bague évidée, puis ils retournent au cylindre pendant l'aspiration. L'autre garniture se trouve alors absolument étanche, puisque la pression extérieure est à peu près semblable à celle des gaz dans l'anneau métallique, les fuites du seul joint mobile sont ainsi complètement supprimées. Le cylindre est à double enveloppe, afin de pouvoir y faire circuler un courant d'eau destiné à diminuer l'échauffement dû à la compression. L'eau qui a circulé dans l'enveloppe du cylindre, pénètre par une tubulure, dans la tige du piston qui est creuse, chemine jusqu'au piston dans un tube central placé dans la tige, puis revient extérieurement à ce tube jusqu'à l'autre tubulure, d'où elle sort pour s'écouler à l'extérieur. La réunion des tubulures de la tige se fait au moyen de tubes en caoutchouc, maintenus à une certaine hauteur au-dessus de la tête du presse-étoupes, afin de permettre la circulation d'eau, malgré le mouvement de la tige. On supprime le graissage de la pompe, l'expérience ayant prouvé que l'acide sulfureux anhydre est assez lubrifiant par lui-même et l'on se contente de graisser légèrement le piston au début de tout montage, afin de permettre les essais à l'air libre.

Condenseur.

Les gaz sortant directement de la pompe vont dans le condenseur qui est semblable au réfrigérant. C'est une chaudière tubulaire en cuivre placée presque horizontalement, de manière que l'arrivée des gaz se fasse par la partie supérieure de l'appareil *B* fig. 9 ; il est légèrement incliné, et c'est dans partie la plus basse que s'effectue la sortie du liquide condensé. L'orifice doit être nécessairement placé au point le plus bas, de façon à ce que tout l'acide qui est condensé dans l'appareil descende de lui-même vers l'ouverture. Un courant d'eau froide doit traverser constamment le condenseur. Sur des tubulures munies de brides, on raccorde les tuyaux d'entrée et de sortie de l'eau; l'entrée

P. Pompe à acide sulfureux.
a. Soupapes d'aspiration.
c. Soupapes de refoulement.
a. Tuyau d'aspiration.
c. Tuyau de refoulement.

H. Robinet du condenseur
M. Manomètres d'aspiration et de refoulement.
B. Condenseur.
F. Entrée et sortie de l'eau du condenseur.

J. Tuyau du retour d'acide du condenseur au réfrigérant.
D. Robinet règleur.
R. Dôme d'aspiration du réfrigérant.

E. Eau incongelable.
C. Cuve remplie de mouleaux.
G. Robinet du réfrigérant.
I. Poulie actionnant l'hélice de la cuve.

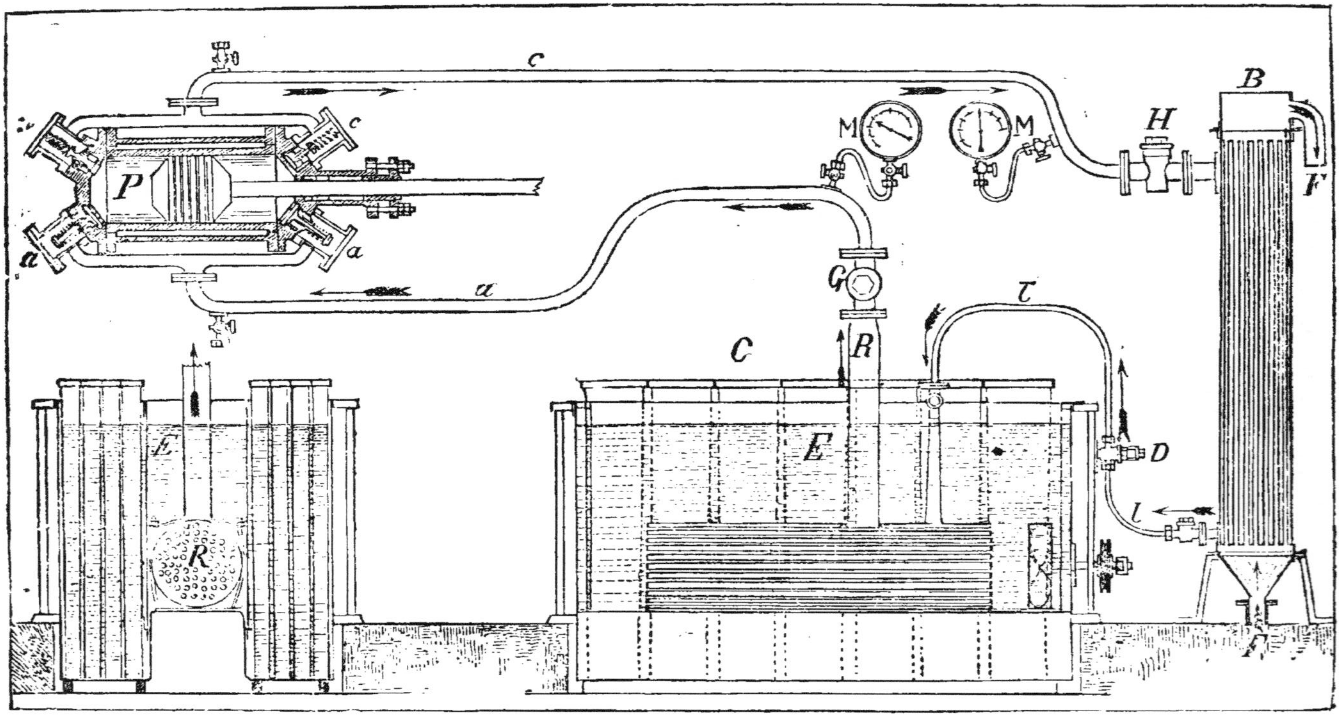

Fig. 9.

en est réglée par un robinet ; l'air peut s'échapper par un petit robinet placé sur le point le plus élevé du côté de la sortie. L'acide qui s'est condensé doit retourner au réfrigérant pour y subir une nouvelle volatilisation ; un robinet de réglage (fig. 10 et 11) relie l'orifice de sortie du condenseur

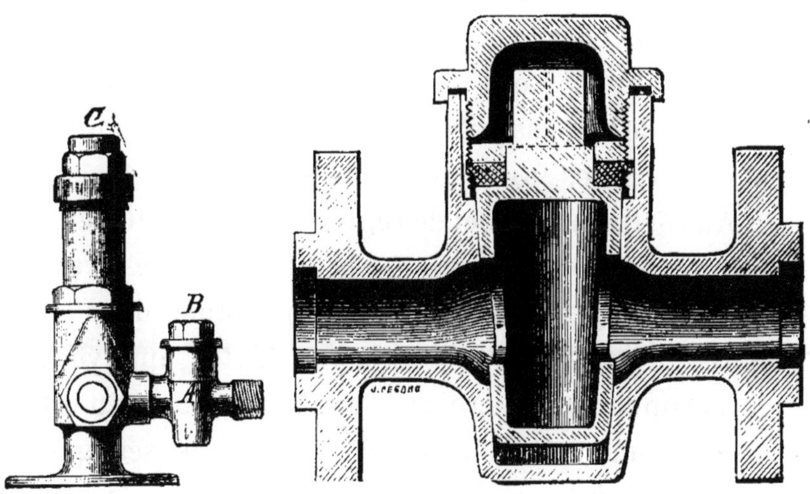

Fig. 10. Fig. 11.

par un tube de retour destiné à limiter l'issue par laquelle le liquide peut passer ; d'un autre côté il est relié au réfrigérant par un tube terminant le circuit. Le robinet, monté à vis, se manie avec une extrême facilité : la pièce mobile qui est filetée à sa partie inférieure dans le corps du robinet, est entraînée par une clef, chaque tour correspond à peu près à un millimètre d'écartement. Les tubes attenant, l'un au condenseur, l'autre au réfrigérant, sont mis en communication par cette ouverture.

Le robinet de réglage sert aussi pour le remplissage de la machine et l'introduction de l'acide liquide. Sur le même corps principal est fixé un petit robinet dont l'ouverture extérieure correspond à la canalisation qui va au réfrigérant. Un presse-étoupes de liège paraffiné enveloppe la pièce mobile et empêche les fuites extérieures.

Au sortir du robinet de réglage, l'acide sulfureux retourne au réfrigérant, par la différence de pression. Le réglage ou le serrage du robinet dans le boisseau se fait avec une bague filetée appuyant directement sur la croix; pour cela, le boisseau est complètement fermé. Quand on opère le serrage, une bague intermédiaire portant deux ergots empêche la clef de tourner ; puis, quand la manœuvre du robinet est terminée, un chapeau muni d'un joint en cuir vient fermer hermétiquement la capacité intérieure du boisseau. Le graissage de ces robinets doit être fait exclusivement avec un mélange préparé avec moitié suif fondu et moitié plombagine fine.

Avec chaque machine à glace se trouve une petite pompe à main, qu'on utilise soit pour obtenir des pressions d'air, soit pour achever de faire le vide dans l'appareil avant l'introduction de l'acide. Ces machines comportent un seul type de joints à emboîtement ; ils sont constitués par une rondelle de caoutchouc prise dans une gorge ménagée entre deux brides serrées par plusieurs boulons. Les surfaces formant le fond sont striées par trois ou quatre rainures dans lesquelles le caoutchouc vient s'imprimer.

Montage de la machine.

Quand une fois la machine de compression est toute montée et prête à fonctionner, on place sur les joints d'attente des culottes reliant les boîtes à clapets d'aspiration et de refoulement deux brides pleines. On raccorde le manomètre avec le robinet placé à cet effet sur la culotte du refoulement, puis on ouvre le petit robinet placé sous la culotte d'aspiration : la machine est alors disposée pour comprimer de l'air. L'air viendra en petite quantité, car il sera aspiré par le petit robinet placé sur l'aspiration et la compression s'opérera alors progressivement. Le réfrigérant et le condenseur, munis de leurs tubulures, sont disposés verticalement, puis on les fait reposer sur une feuille de caoutchonc placé sur une sol uni ou sur une plaque de tôle ou de fonte. On peut remplir l'intérieur des tubes et couvrir de liquide cette plaque jusqu'au rebord du corps cylindrique de l'appareil, en versant de l'eau sur la plaque tubulaire. Le gros robinet d'acide gazeux du réfrigérant ou du condenseur étant fermé, on adapte la bride d'essai que porte une petite tubulure filetée sur le robinet d'acide liquide; on raccorde ensuite cette tubulure avec le petit robinet placé sous la culotte de refoulement de la pompe au moyen du petit tuyau de cuivre préparé à cet effet. Puis on met la machine de compression en marche une fois que le robinet d'acide est ouvert, elle comprime l'air dans l'intérieur de l'appareil, et le manomètre indique la pression; on arrête et on ferme le robinet quand il marque 5 atmosphères.

On observe s'il y a des fuites aux récipients tubulaires, car alors les bulles d'air se dégageraient et apparaîtraient à la surface de l'eau qui couvre la plaque supérieure. Les joints des tubulures doivent être aussi vérifiés très soigneusement contre le corps de l'appareil et les robinets, ainsi que les têtes des rivets fixant les plaques tubulaires extrêmes. Pour cela on se sert d'eau de savon dont on enduit ces surfaces. Quand un tube perd, on le bouche avec des tampons en cuivre ou en bronze, ajustés et emmanchés à force à chaque extrémité; mais il est préférable d'arrêter les fuites par un léger mattage ou mieux avec de la soudure d'étain; en bouchant les tubes avec des tampons de bois, on perd l'action réfrigérante de ces surfaces. On essaie, jusqu'à ce qu'on soit sûr d'avoir une parfaite étanchéité, le réfrigérant et le condenseur. On les met à leur place respective après en avoir évacué l'air comprimé. Il faut s'assurer si pendant ces essais il ne s'est introduit aucune trace d'humidité à l'intérieur, car dans ce cas on devrait les sécher préalablement.

Quand on complète le circuit général, les manomètres se vérifient mutuellement : ils doivent marquer la même pression tant que les robinets sont ouverts et la machine est au repos. Au moyen de l'air comprimé, on procède à l'essai général une fois que la pompe est montée, que les manomètres, le réfrigérant et les condenseurs sont en place. Tous les robinets sont ouverts, sauf celui qui surmonte la colonne du réfrigérant. On ouvre en plus le petit robinet se trouvant sous la culotte et reliant les soupapes des chapelles d'aspiration. Afin de pouvoir vérifier en même temps les organes mécaniques, on fait tourner la pompe très doucement; le robinet de réglage restant grand ouvert. L'air comprimé pénètre, se comprime dans le condenseur, passe par le robinet de réglage ouvert, puis se répand dans le réfrigérant, et la pression monte peu à peu. On arrête la pompe quand on est parvenu à quatre atmosphères environ, puis on ouvre le gros robinet du réfrigérant et on ferme celui d'aspiration qui permettrait à l'air d'entrer; de cette façon la pression s'égalise dans la machine. Si toutes les pièces, tous les joints sont en bon état et que le montage ait été soigneusement opéré, cette pression indiquée aux manomètres doit rester invariable au moins pendant plus d'une heure.

Tout les détails de ces opérations sont faciles à comprendre en en suivant les phases sur la figure schématique, 9.

Une fois cette première épreuve terminée, on peut procéder à la dernière vérification de l'étanchéité parfaite de tous les organes au moyen de l'acide sulfureux gazeux, la vapeur d'acide sulfureux ayant la propriété de rougir le papier bleu de tournesol ou de produire des fumées blanches avec l'ammoniaque.

On opère le vide dans l'appareil et on le purge de l'air existant à l'aide de la pompe elle-même. Pour cela on ouvre tous les robinets de la machine, à l'exception, pour les petites machines, de celui du condenseur. Puis on met l'appareil en marche, en ayant soin d'ouvrir le robinet de purge. L'air, alors, est aspiré du condenseur et du réfrigérant et refoulé partie dans le condenseur, partie en dehors de l'appareil. Au fur et à mesure du fonctionnement de la machine, on ferme le robinet du condenseur, et l'air n'est plus refoulé dans ce dernier, mais entièrement au dehors.

L'air qui reste dans le tuyau qui relie le condenseur et la pompe, est aspiré à l'aide d'une pompe à main.

Le vide complètement opéré, on introduit l'acide liquide des bonbonnes dans l'appareil; mais il faut avoir soin de ne l'y introduire d'abord qu'à l'état gazeux.

Et voici dans quel but : le vide existe dans l'appareil, tandis que dans la bonbonne l'acide liquide est par là même sous pression ; introduit à l'état liquide, il passerait immédiatement et brusquement à l'état gazeux, et sa détente pourrait détériorer certaines pièces de la machine.

Dans les bonbonnes se trouve un tube courbe, (fig. 12), qui, lorsqu'on place la bouteille couchée, aboutit au-dessus du liquide; c'est alors qu'on ouvre le robinet qui le met en communication avec l'appareil, et c'est à l'état de gaz que l'acide sulfureux est introduit dans l'appareil.

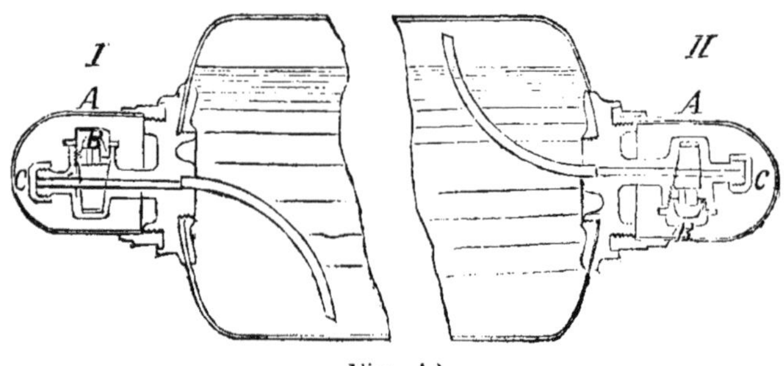

Fig. 12.

Au bout d'un certain temps, la différence de pression existant entre la bonbonne et l'appareil s'efface et, à un certain moment, ces deux pressions sont égales. C'est alors qu'on ferme le robinet de communication et qu'on introduit l'acide à l'état liquide, car l'acide existant dans l'appareil ne serait pas suffisant pour le fonctionnement de la machine.

On place la bonbonne en sens diamétralement opposé à celui qu'elle occupait précédemment, c'est-à-dire le tube courbe plongeant dans l'acide. On met alors la machine en marche, la pompe aspire l'air gazeux contenu dans le réfrigérant, la pression diminue et l'acide liquide passe, en vertu de cette différence de pression, dans le réfrigérant, où son action se fait sentir immédiatement. On continue jusqu'à ce que l'appareil contienne la quantité de liquide sulfureux nécessaire à sa marche, quantité qui varie avec le numéro de l'appareil et qu'on apprécie en plaçant la bonbonne sur une balance.

Le liquide incongelable est composé de volume égal d'eau et de chlorure de magnésium. Le mélange s'opère en versant ces deux corps à volume égal dans un baquet et en les mélangeant avec un agitateur en bois; on filtre sur une toile pour enlever les impuretés qui pourraient y exister et gêner la circulation dans les tubes.

Dans la grande cuve, le mélange et la circulation de ce liquide sont opérés à l'aide d'une hélice commandée par une poulie.

Mise en marche régulière.

Lorsque les opérations indiquées au chapitre précédent ont été soigneusement faites, on procède à la mise en marche régulière.

On ferme complètement le robinet de réglage et l'on met la machine en route à sa vitesse normale.

Le manomètre de compression monte immédiatement à chaque coup de piston, tandis que celui de l'aspiration baisse tout de suite.

Au bout de cinq minutes de marche, le manomètre de la compression est stationnaire, on ouvre alors le robinet de réglage environ d'un tour de vis entier. On sent aussitôt que l'acide liquide condensé sort du condenseur et retourne au réfrigérant. Dès que la provision d'acide liquéfié dans le condenseur est épuisée et qu'une certaine quantité de gaz traverse le robinet de réglage, le manomètre de la compression s'abaisse immédiatement de quelques dixièmes. Cette chute de manomètre indique que le robinet de réglage est trop ouvert ; on le ferme un peu.

Le manomètre remonte tout de suite, on ferme progressivement le robinet de réglage jusqu'à ce que le manomètre soit remonté à 1/10 d'amosphère au-dessous de la position qu'il avait avant l'ouverture.

On est sûr par cette manœuvre que le robinet de réglage est à son point. On peut au surplus vérifier la bonne ouverture du régleur de la manière suivante : après une heure de marche régulière, on arrête la machine et l'on note le temps que mettent les deux manomètres pour indiquer la même pression. Si ce temps dépasse une ou deux minutes, c'est que le régleur était trop fermé; on l'ouvre un peu et on recommence l'opération. Si l'équilibre se produit en moins d'une minute, c'est que le robinet de réglage est un peu trop ouvert; on le ferme en partie.

L'abaissement de température est constant et le thermomètre permet de le suivre et de le constater facilement.

Le résultat de cet abaissement de température se caractérise par trois conséquences très sensibles : 1° le manomètre de l'aspiration baisse toujours depuis la mise en marche jusqu'à ce que le bain salé soit arrivé à la température normale de 4° à 5° au-dessous de zéro ; 2° Le manomètre de compression baisse aussi depuis la mise en marche jusqu'à ce que le bain soit arrivé à 4° ou à 5°. Cette diminution provient de ce que le poids d'acide condensé dans le même temps, diminue avec la pression à l'aspiration. Cette baisse du manomètre de compression est limitée; elle est toujours en rapport avec la température de l'eau de condensation.

Il faut, dans les deux premières heures, fermer progressivement le robinet de réglage, mais très doucement, afin de compenser la diminution dans le passage du liquide, puisque le poids du liquide condensé par minute diminue avec la pression des vapeurs à l'aspiration.

Du rendement de la machine.

Lorsque la machine à glace a été mise en marche régulière, il faut se rendre compte de son rendement. Cette opération doit toujours être faite ; un industriel doit connaître sa machine et savoir combien elle dépense de charbon, eau, etc.

On commence, lorsque l'on a reconnu que l'appareil est dans des conditions normales, qu'il n'y a pas de fuite ni rentrée de d'air, enfin lorsque tout est en ordre. On trace un tableau comme celui que nous reproduisons, et l'on remplit les colonnes au fur et à mesure de la marche.

TABLEAU DU RENDEMENT D'UNE MACHINE (PICTET).

HEURE	CONDENSATION					TEMPÉRATURE DU BAIN	PRESSION			NOMBRE DE TOURS par minute.	SÉRIE DES MOULEAUX	NOMBRE DES MOULEAUX	POIDS DE LA GLACE	RENDEMENT
	DÉBIT D'EAU par minute.	TEMPÉRATURE à l'entrée.	TEMPÉRATURE à la sortie.	DIFFÉRENCE	PRODUIT DU DÉBIT par différence.		VAPEUR	COMPRESSION	ASPIRATION					
Matin.	Litres.	Degrés.	Degrés.	Degrés.	Calories.	Degrés.	Atmosph.	Atmosph.		Tours.			Kilogr.	
9	50	17	21 5	4 5	225	— 4 5	5	3 3	0 0	81	I	3	54	
9 30	50	17	21 4	4 4	220	— 4 7	4 5	3 1	0 0	80	I	3	54	162
10	50	17	21 5	4 5	225	— 5	5	3 2	— 0 1	84	II	3	54	
10 30	50	17	21 3	4 3	215	— 5 5	4 8	3 1	— 0 1	82	II	3	54	162
11	50	17	21 2	4 2	210	— 6	5	3 0	— 0 2	83	III	6	108	
11 30	50	17	21 6	4 6	230	— 4	4 7	3 4	0 0	82	IV	3	54	108
12	50	17	21 4	4 4	220	— 4 7	5	3 2	0 0	83	IV	3	54	
12 30	50	17	21 3	4 3	215	— 5 7	4 6	3 2	0 0	81		3	54	

Au point de vue théorique, ce tableau n'est pas tout à fait exact, cependant il se rapproche beaucoup de la réalité, ainsi qu'on peut le voir par l'exemple suivant :

Dans une opération, dans la première demi-heure, 225 calories ont été fournies à l'eau de condensation par minute.

Dans la seconde demi-heure, ce chiffre est tombé à 220 calories.

$$\text{Moyenne } \frac{225 + 220}{2} = 222.5 \text{ calories.}$$

En multipliant ce nombre par 60 minutes, on a :

$$222.5 \times 60 = 13.350 \text{ calories.}$$

de ce nombre il faut retrancher 1/10 provenant de la chaleur de compression, et l'on pose

Calories totales..................	13.350
Calories dues au travail de compression.. .	— 1.335
Total des calories par heures. .	12.015

Le rendement a été de 12,015 calories négatives ou 120 kilog. de glace.

La machine Pictet a été, dans ces derniers temps, notablement perfectionnée : les figures 13 et 14 représentent la vue et le plan de l'appareil tel qu'on

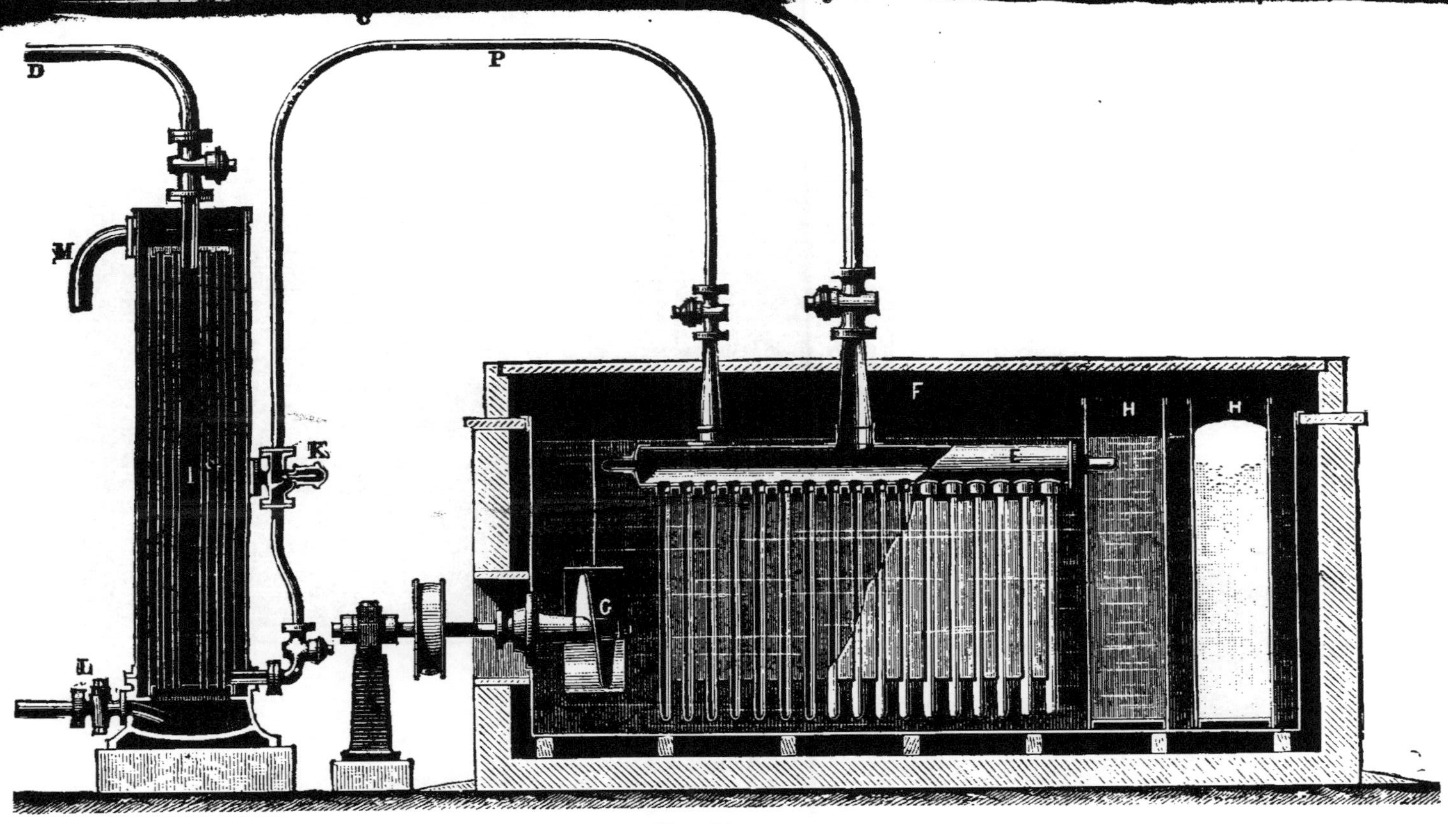

Fig. 13.

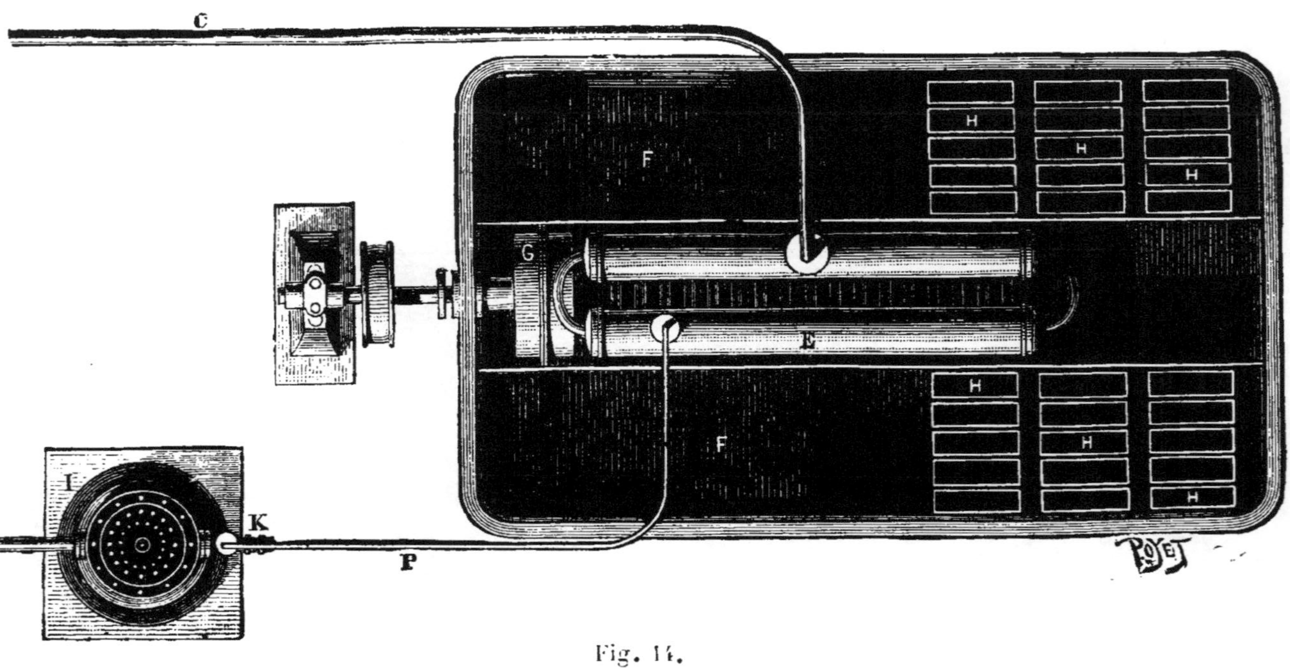

Fig. 14.

le construit aujourd'hui. On aperçoit une différence notable dans l'agencement des pièces du réfrigérant; celui-ci est maintenant composé d'une série de tubes en U communiquant d'un côté avec le robinet K d'écoulement du liquide, de l'autre avec le tube C d'aspiration de la pompe. Cette disposition est motivée par ce fait que la dissolution du chlorure de magnésium peut, dans des circonstances fortuites, s'appauvrir en sel et geler dans le bac ; il y aurait dans ce cas à craindre des ruptures de tubes, qui ne peuvent plus se produire lorsque l'appareil réfrigérant est, comme l'indique la figure à dilatation, tout à fait libre.

Les dessins schematiques montrent bien également la construction des cylindres et des clapets, ainsi que celle des autres pièces dont nous avons parlé dans notre description.

Cette machine a reçu de très nombreuses applications, qui toutes sont venues confirmer l'excellence de la fabrication et du fonctionnement. Les craintes que l'on pourrait concevoir sur les fuites d'un gaz aussi désagréable et même aussi dangereux que l'acide sulfureux, sont tout à fait vaines : dans un appareil bien entretenu, la déperdition est à peu près nulle. Du reste, l'odeur pénétrante de ce gaz avertit aussitôt des moindres fuites, qui sont alors immédiatement réparées; et les pressions d'autre part, sont peu élevées, puisque le manomètre de l'aspiration indique presque zéro, et celui de la compression trois atmosphères environ.

APPAREILS FRIGORIFIQUES

Système Fixary.

Le liquide volatil employé dans les appareils Fixary est le gaz ammoniac anhydre liquéfié.

La production du froid dans ces appareils provient de la détente continue du gaz ammoniac liquéfié, ramené ensuite à l'état liquide par compression et sans aucune déperdition. La machine se compose, comme toutes les machines frigorifiques à compression, des trois appareils principaux dont nous avons parlé :

1° Du compresseur ou pompe de compression A;

2° Du condenseur ou liquéfacteur B, avec serpentins en fer d'une seule pièce;

3° Du congélateur ou évaporateur B, contenant également des serpentins en fer d'une seule pièce;

mais la forme varie pour chaque application spéciale.

La pompe de compression A fig. 15 aspire le gaz ammoniac dans le congélateur N, et le refoule dans le condenseur B où, avant de se répandre dans les serpentins, il traverse un appareil nommé épurateur ou séparateur d'huile. Les parcelles d'huile qui sont entraînées avec le gaz hors de la pompe, se séparent et tombent dans le bas du récipient C, lequel est divisé en deux compartiments ; tandis que le gaz purifié et séparé de l'huile traverse les serpentins du condenseur; là il se liquéfie sous la pression de la pompe et sous l'action de l'eau froide en circulation. L'ammoniac une fois liquéfié, est recueilli dans le compartiment supérieur du récipient C et amené ensuite au robinet détenteur et régulateur R, d'où il repasse à l'état gazeux dans les serpentins du congélateur D, en produisant un froid intense. Du congélateur, le gaz détendu revient par le tuyau d'aspiration H à la pompe de compression A, où il doit être nouvellement comprimé, liquéfié et détendu dans une circulation continue.

L'huile lourde, ayant été séparée du gaz et amenée dans le compartiment inférieur du réci-

Fig. 15.

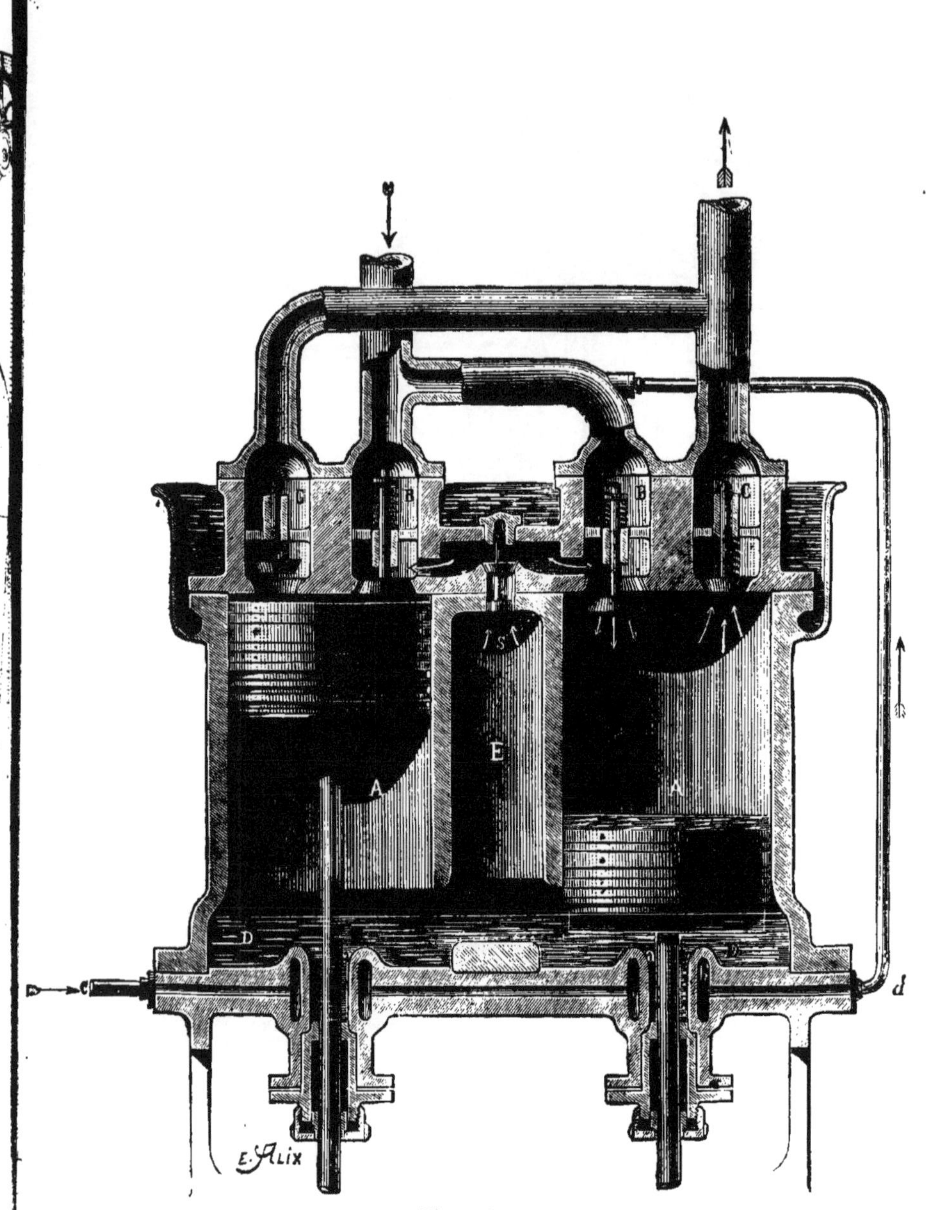

Fig. 16.

pient C, est ramenée automatiquement dans le bas du compresseur par un petit tuyau qui est placé au-dessous des pistons, où elle forme joint hydraulique. Cette huile assure le graissage méthodique de tous les organes de la pompe, et s'oppose aux fuites à travers les presse-étoupes, ainsi que nous l'expliquons plus loin.

La pompe de compression Fixary mérite description à cause de sa disposition toute spéciale et ingénieuse. Cette pompe se compose de deux corps verticaux AA, (fig. 16). Chaque corps possède à la partie supérieure une soupape d'aspiration B et une autre de refoulement C. Toutes les deux servent à aspirer le gaz dans le congélateur pour le refouler dans le condenseur. De cette façon, le gaz ammoniac n'arrive que sur le dessus des pistons qui travaillent à simple effet. La disposition verticale permet de maintenir constamment au-dessus des pistons une couche d'huile de quelques millimètres, de sorte que, lorsqu'ils arrivent alternativement en haut de leur course, l'huile remplit tous les espaces nuisibles, soulève les soupapes en les lubrifiant et refoule dans le condenseur la totalité du gaz aspiré. Il n'y a donc pas de travail inutile et le rendement de la pompe est parfait.

Au-dessous de chaque piston on a ménagé un espace libre D que l'on nommera chambre d'huile, d'un diamètre plus grand que celui des pistons et constamment rempli, jusqu'à une certaine hauteur, d'huile lourde minérale; l'extrémité de chaque piston y vient plonger au bas de la course. Des cannelures ménagées sur la circonférence du bas des pistons se chargent d'huile à chaque coup et lubrifient les corps de pompe dans leur course ascendante.

Les chambres d'huile DD communiquent latéralement avec une chambre E ménagée entre les deux corps de pompe, c'est la chambre d'équilibre qui forme comme une espèce de réservoir ou de cloche au-dessus de la couche d'huile. A la partie supérieure de cette chambre est placée une soupape S ou soupape d'équilibre qui, lorsqu'elle se soulève, met la chambre E en communication directe avec les soupapes d'aspiration par deux conduits latéraux.

Voici le but de cette disposition :

Dans la pompe Fixary, les gaz qui proviennent des fuites passent d'abord dans les chambres d'huile DD, où ils s'imprègnent de lubrifiant, pour s'accumuler ensuite sous une certaine pression dans la chambre d'équilibre E. Sitôt que cette pression atteint celle de l'aspiration, soit une atmosphère à une atmosphère et demie, la soupape S se soulève, le gaz chargé d'huile s'échappe et est immédiatement aspiré dans les corps de pompe, où il entretient la couche d'huile nécessaire au remplissage des espaces nuisibles en graissant sur son passage d'abord les soupapes d'aspiration B, et ensuite celles de refoulement. De cette façon les fuites de gaz à travers les pistons, non seulement ne sont pas perdues, mais sont utilisées pour assurer le graissage automatique des organes de la pompe. Outre cela, la soupape d'équilibre S se soulevant dès que la pression au-dessous des pistons atteint un peu plus d'une atmosphère, les presse-étoupes, traversés par les tiges des pistons, ne supportent qu'une pression très faible. Le poids de la soupape est calculé pour maintenir au-dessus des presse-étoupes une certaine pression, afin d'empêcher les rentrées d'air dans la pompe, quand on veut maintenir le vide dans la conduite d'aspiration.

Pour assurer l'étanchéité parfaite et empêcher que les tiges des pistons n'entraînent à travers les presse-étoupes, dans leur mouvement de va-etvient, des vapeurs chargées de gaz ammoniac, on a mis au-dessus de chaque boîte à étoupes un fourreau rempli d'huile et entouré d'une enveloppe circulaire *b*, dans laquelle on maintient, pendant la marche, la détente d'une dérivation du gaz ammoniac amenée par le tuyau *c* et qui, après avoir produit son effet, rentre dans l'aspiration par le tuyau *d*. Sous l'action du froid intense, l'huile contenue dans les espaces AA se solidifie et forme un joint pâteux absolument imperméable et sans frottement, qui assure en outre le refroidissement rationnel des tiges et de la pompe. De cette manière les fuites de gaz si fréquentes, si désagréables et si coûteuses dans les machines de compression, sont tout à fait supprimées. Une machine de 100 kilog. à l'heure a fonctionné nuit et jour pendant trois ans sans qu'on ait eu à renouveler sa charge d'ammoniaque.

Cette congélation de l'huile dans la boîte à étoupes a permis à l'inventeur de remplacer, dans ses puissantes machines frigorifiques d'une production supérieure à 300 kilog. à l'heure, le double compresseur vertical à simple effet par un compresseur horizontal à double effet.

Le joint obtenu autour de la tige de piston est

parfait. On peut, en marche, desserrer le presse-étoupes sans crainte de fuites.

Frigorifère.

Outre l'appareil frigorifique producteur de glace ou de liquide froid, la Société des constructions de mécaniques spéciales a disposé un appareil à air froid, dit frigorifère ou échangeur de température d'une conception toute nouvelle.

Le frigorifère Fixary a pour but de produire et de distribuer d'une façon simple, économique et graduable à volonté, de l'air froid et sec, au moyen de deux conduites en bois ou en tôle faciles à poser et à entretenir, susceptibles d'une grande divisibilité, permettant d'apporter et de ne dépenser l'air froid que là où l'on en a besoin. Il faut néanmoins remarquer que, en raison de la facilité que l'air a de s'échauffer dans son parcours dans les conduits, il sera préférable, malgré l'élévation de prix, d'employer le système par circulation d'un bain incongelable dans des serpentins surpendus aux voûtes, si l'on doit refroidir des locaux ou des caves situés à une certaine distance de l'appareil. Par contre, chaque fois que les dispositions locales s'y prêteront avantageusement, lorsque le frigorifère pourra s'installer à proximité des locaux à refroidir, on l'utilisera avec le plus grand succès. C'est la question que nous traitons plus loin au chapitre du refroidissement de l'air.

La machine Fixary est aujourd'hui répandue et appréciée dans l'industrie, car son mécanisme est simple et les résultats économiques très satisfaisants. La figure 16 représente une vue perspective de l'appareil entier; en A est la pompe double, B est le condenseur et D le réfrigérant; R est le robinet régulateur.

MACHINE DE LINDE

C'est une des machines les mieux conçues et dont la construction comporte de nombreux perfectionnements.

Le professeur Linde a également adopté l'ammoniaque comme liquide réfrigérant; mais il a étudié toutes les transformations du gaz et les organes de sa machine, de manière à atténuer autant que faire se pouvait toutes les déperditions inhérentes à l'emploi d'une machine de compression comme organe intermédiaire. Comme elle rentre, comme principe, dans la classe des machines précédemment décrites, nous mentionnerons seulement les modifications qui la distinguent.

Le réfrigérant et le condenseur se composent d'un ou de plusieurs serpentins en fer, dont la longueur atteint jusqu'à 130 mètres dans les grandes machines; ils sont soudés de manière à ne former qu'une pièce chacun, et ensuite étamés en plein bain. Ces serpentins ont la forme cylindrique et sont disposés concentriquement, les uns dans les autres, dans des bacs cylindriques parcourus par un courant d'eau circulant en sens inverse des vapeurs ou des liquides; Ils sont établis pour résister à des pressions dix fois plus fortes que celles qu'ils ont à supporter.

La machine était autrefois pourvue d'un appareil à préparer l'ammoniac-gaz avec l'ammoniaque liquide du commerce; mais cette disposition auxiliaire est devenue inutile, et on charge maintenant la machine avec l'ammoniaque liquéfiée vendue par les marchands de produits chimiques.

M. Linde a construit des machines puissantes, et son usine de Paris fournit une notable partie de la glace consommée dans la capitale; mais, en outre, il a disposé, pour la petite industrie, une ingénieuse machine portative, de 25 kilog. à l'heure, dont notre croquis ci-joint donne une idée suffisante (fig. 17).

Dans les machines de grandes dimension, à fortes productions de glace, la pompe de compression n'est jamais directement couplée dans le prolongement de la machine à vapeur, parce que, comme l'a remarqué avec raison le professeur Linde, la vapeur, dans l'hypothèse de cet agencement, agit

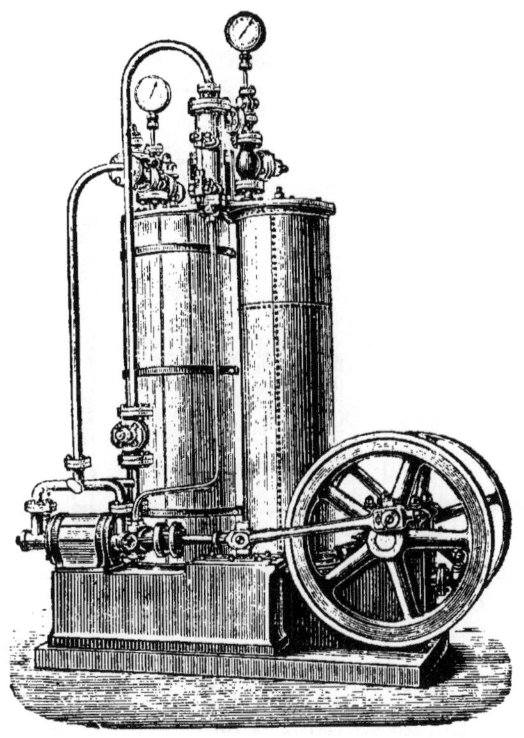

Fig. 17.

à pleine pression au moment de la plus faible compression, et à détente au moment de la compression maxima. Les organes de la machine sont simples et faciles à remplacer; et, comme l'ont prouvé des expériences faites avec le soin le plus minutieux, les rendements sont des meilleurs que l'on puisse espérer dans les machines de compression. Les appareils Linde sont aujourd'hui très répandus et

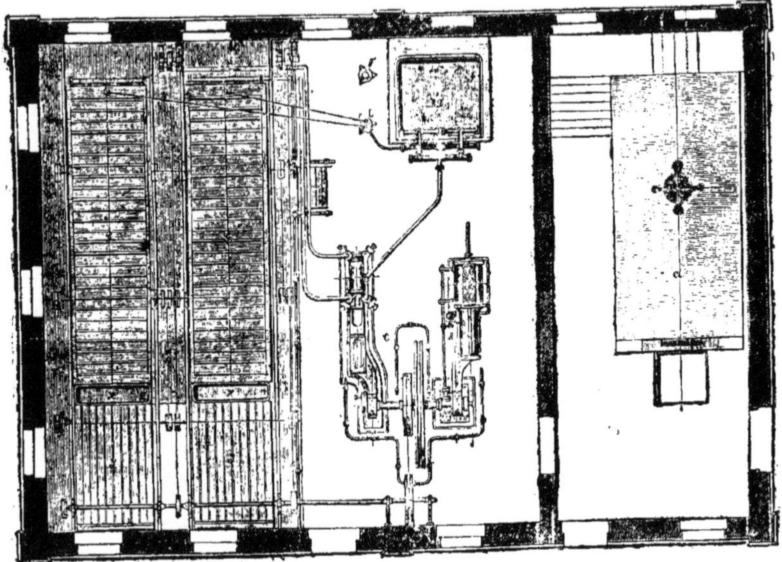

Fig. 18.

appréciés hautement, le constructeur s'étant appliqué à perfectionner aussi les détails secondaires de son appareil : fabrication de la glace, démoulage, etc.

Nous aurions à signaler les machines analogues d'Osenbruck, dans lesquelles l'habile ingénieur d'Esslingen a disposé aussi un double presse-étoupe pour retenir l'ammoniaque qui pourrait s'échapper. En outre, il a placé un réservoir d'ammoniaque derrière le condensateur. Dans ce vase, l'huile minérale du presse-étoupe, chargée d'ammoniaque, se sépare de l'ammoniaque liquide, en vertu de la différence de densité. Cette huile est débarrassée de son ammoniaque dans un appareil spécial de distillation, et on la fait rentrer dans le travail.

La figure 18 représente le plan de cette machine, qui se rapproche beaucoup de celle de Linde par sa disposition.

Elle montre tout l'ensemble de la disposition, depuis la chaudière à vapeur jusqu'aux caisses pour les mouleaux à glace.

La grande maison Mertz, de Bâle, construit aussi des machines à ammoniaque, comprenant un double compresseur pour éviter tous arrêts en cas d'accident.

Toutes ces machines à ammoniaque ou à liquide autre, acide sulfureux, etc., ne diffèrent entre elles que par des détails plus ou moins heureux. En général, les rendements de tous ces types divers sont à peu de chose près les mêmes. Ainsi que nous l'avons dit, dans les essais faits en Allemagne, la machine Linde avait été considérée comme donnant le plus de calories froides, à travail égal.

Étude d'une machine frigorifique

Perfectionnements Neubecker d'Offenbach.

M. Neubecker a indiqué les dispositions théoriques d'une machine qui peut fonctionner avec des liquides volatils quelconques : l'ammoniaque, l'acide sulfureux, etc.

Son appareil se compose, comme tous les autres, des trois pièces principales : évaporateur, compresseur et condenseur. Ces différents organes ont été étudiés et disposés pour conformer le travail aux exigences de la théorie mécanique de la chaleur, et augmenter le rendement en calories négatives.

Voici les principaux détails intéressants à signaler dans cette machine :

1° Disposition spéciale de l'évaporateur et du condenseur, en vue d'abaisser à leur minimum les différences de température nécessaires à la transmission de la chaleur;

2° L'introduction de liquide producteur de froid dans le compresseur, pour éviter la surchauffe des vapeurs pendant la compression ;

3° Disposition particulière de presse-étoupes, pour éviter toute perte de vapeurs dans le compresseur ;

4° Disposition particulière de robinet ;

5° Rectification de l'huile de graissage à l'intérieur de la machine, pour récupérer cette huile.

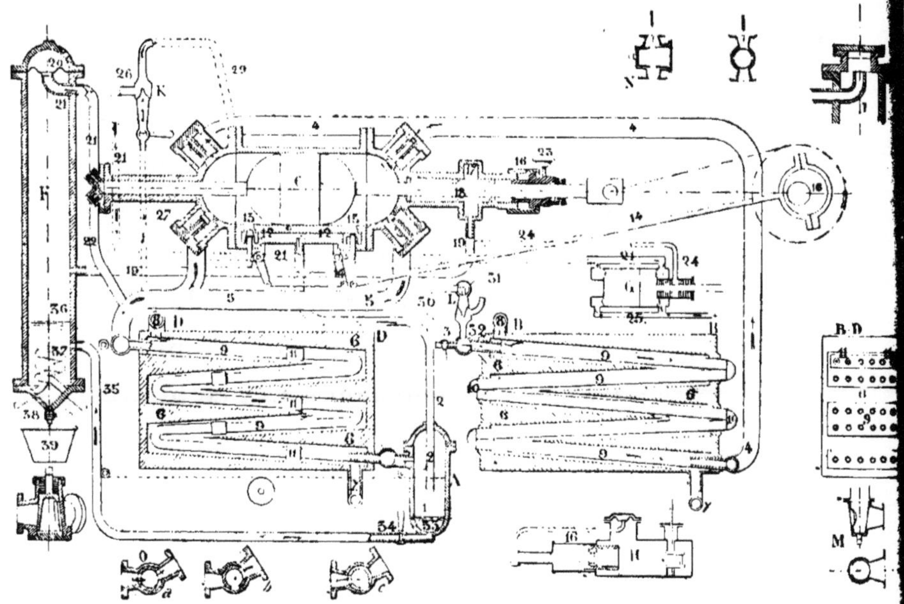

Fig. 19.

La machine frigorifique représentée par la figure 19 est une machine à vapeurs froides, lesquelles sont ramenées à l'état liquide par la compression mécanique.

Dans le vase collecteur A se trouve en *i* un liquide susceptible d'engendrer le froid. Ce liquide est conduit, par le tuyau 2 et le robinet régulateur 3, dans l'évaporateur B, où il est vaporisé à basse température par la chaleur qui lui est communiquée par un liquide extérieur, ordinairement une dissolution saline.

Les vapeurs sortent de l'évaporateur par le tuyau 4 et se rendent d'abord dans le compresseur C, et ensuite, par le tuyau 5, dans le condenseur O, où, sous l'influence combinée de la pression élevée et du refroidissement obtenu par un deuxième liquide extérieur, ordinairement de l'eau froide, elles sont condensées en un liquide tombant goutte à goutte dans le collecteur 4. A cette première circulation succède une seconde, et ainsi de suite.

Évaporateur et condenseur.

La théorie mécanique de la chaleur nous apprend que, dans la production du froid, le rendement quantitatif est d'autant plus grand que la vaporisation a lieu à une température plus élevée, et que, d'autre part, la dépense relative de force motrice est d'autant moindre que la condensation a lieu à une température plus basse.

La température de vaporisation est prescrite par l'effet utile; mais elle exige encore une différence plus considérable de température, pour que la quantité de chaleur nécessaire à la vaporisation puisse être transmise du liquide extérieur, à travers les parois de l'évaporateur, au liquide volatil générateur du froid.

De même, la température de condensation est déterminée par l'eau de réfrigération dont on dispose, et doit encore être élevée, pour que, par une différence de température, les vapeurs du liquide volatil puissent abandonner leur chaleur à l'eau de réfrigération, à travers les parois du condenseur. Mais si les températures de l'effet utile du froid et de l'eau de réfrigération ne peuvent être changées, on peut toutefois veiller à ce que les différences de température nécessitées par l'évaporation et le condenseur, soient abaissées et maintenues à leur minimum. On pourrait augmenter les surfaces ; mais ce moyen est limité par des considérations économiques, et on cherche plutôt à économiser le plus possible les surfaces données.

On sait, par exemple, qu'à surface égale, les appareils à courants inverses ou rationnels sont les meilleurs utilisateurs. Les appareils B et D, représentés sur le dessin ci-joint, reposent sur la stricte application du principe des courants inverses. Ce liquide volatil, générateur du froid, doit parcourir un long trajet dans les deux appareils; il en est de même, d'une part, du liquide à refroidir, et d'autre part, de l'eau de réfrigération, qui circulent en sens inverse du liquide volatil. Par ce moyen, la différence de température, entre la substance volatile et les liquides abandonnant ou absorbant de la chaleur, est réduite à son minimum, et, par conséquent, les températures d'évaporation et de condensation sont rapprochées, autant que possible, des températures limitées.

L'ingénieur dans son projet, compose aussi ses appareils de tuyaux rectilignes, comme ceux représentés pour l'évaporateur B, et réunis par des culottes 10, ou bien de tuyaux en forme de zigzags soudés ensemble, comme ceux représentés par le condenseur D.

Pour que la conductibilité calorifique de la surface réfrigérante ne soit pas influencée, il est important, et cela surtout pour le condenseur, qu'avec le temps cette surface ne se recouvre pas d'un dépôt laissé par l'eau de réfrigération. Pour le maintien de la propreté des tuyaux, le condenseur est pourvu d'une brosse mécanique. Chacun des deux appareils consiste en une caisse rectangulaire divisée en conduits rectangulaires séparés par des cloisons en forme de coins. Ces conduits superposés offrent un parcours étendu en forme de zigzag de bas en haut. Les liquides entrent par le tuyau 7 et ressortent par le tuyau 8. Les conduits reçoivent un certain nombre de tuyaux superposés 9, mais seulement tant qu'il est nécessaire pour avoir la section nécessitée par le passage de la substance volatile. Les vapeurs du liquide volatil descendent dans les tuyaux, suivant une ligne en forme de zigzag de haut en bas, et trouvent une pente constante par laquelle le liquide introduit dans l'évaporation touche les surfaces de chauffe en s'écoulant vers le bas; de l'autre côté le liquide réuni dans le condenseur trouve son chemin vers le collecteur A.

Dans chaque conduit de condenseur B est disposée au-dessus de chaque rangée de tuyaux une brosse en forme de manchon 11. Toutes ces brosses sont mues par un mécanisme approprié, par exemple une chaîne sans fin déplacée sur un tambour dans un sens et dans l'autre. L'évaporateur B n'a pas besoin de ce dispositif de brossage tant qu'il travaille avec le liquide circulant dans un conduit fermé.

Tout le liquide introduit dans l'évaporateur B doit s'y transformer en vapeur, et par conséquent la vapeur qui en sort saturée et sèche, doit déjà être un peu surchauffée. Si on la comprime dans cet état, il se produit, comme l'enseigne la théorie, une surchauffe qui entraîne une augmentation de la puissance de compression nécessitée par la compression purement isothermique des vapeurs toujours saturées. Mais les vapeurs restent saturées si on leur ajoute une certaine quantité du liquide qui leur a donné naissance dès qu'elles sont mises en contact avec ce liquide. On est amené en conséquence à introduire une certaine quantité du liquide volatil générateur du froid dans la compression C au moment de la compression. A cet effet, on applique le mécanisme représenté sur le dessin ci-joint.

Les tuyaux 2 et 12 relient le collecteur A avec les soupapes d'aspiration 13, qui sont commandées par un mécanisme à levier 14 et un excentrique 15, de telle façon qu'elles s'ouvrent au commencement de la compression et se ferment avant la fin de la course du piston ou compresseur. Le liquide volatil se trouve à la pression de compression la plus élevée dans le collecteur A, est lancé par conséquent sous cette pression dans le compresseur, mais seulement jusqu'au moment où la pression de compression est atteinte. L'injection de liquide volatil cesse alors spontanément; elle n'a donc lieu que pendant la période de compression proprement dite. Au lieu des soupapes 13, on pourra également employer des tiroirs plats ou circulaires, ou des robinets mus par un mécanisme semblable, ou tout autre mécanisme convenable.

Échappement des vapeurs hors du compresseur.

Tandis que plusieurs constructeurs se servent d'un liquide spécial de préservation des fuites du liquide réfrigérateur volatil par le presse-étoupe (chiffre 16 sur la figure), ici on a disposé une chambre (17), remplie non de liquide préservateur des fuites, mais de gaz. Pour l'ouverture de cette chambre à gaz, on a ménagé un espace annulaire 18 dans la garniture du presse-étoupe 16. Les gaz s'échappant du compresseur sont recueillis dans l'espace annulaire et rétrogradés dans la machine de la manière suivante. La chambre à gaz 17 est en communication permanente avec le vase compensateur F. Une pompe auxiliaire E aspire dans ce vase, non pas directement, mais par l'intermédiaire de la soupape compensatrice 20 et du tuyau 21, et pousse le gaz recueilli par le tuyau 22 dans le condenseur. La soupape compensatrice 20 a pour objet de maintenir constamment à la pression atmosphérique la tension du gaz dans le vase compensateur F, et par conséquent aussi dans la chambre 17 avec laquelle celui-ci est en communication. La pompe auxiliaire E est calculée de telle façon qu'elle puisse aspirer avec sûreté la solution du gaz parvenu dans le vase compensateur. Toutefois, dès que la pression tend à descendre au-dessous de la pression atmosphérique dans le vase F, la soupape 20 se ferme automatiquement, et la pompe fonctionne à vide. Cette soupape 20 est en effet fixée à une membrane sur laquelle agit extérieurement la pression atmosphérique et intérieurement la pression du gaz du vase F. Si par suite de l'entrée du gaz du presse-étoupe dans le vase F, la pression tend à s'élever dans ce vase au-dessus de la pression atmosphérique, la membrane se soulève et avec elle la soupape; à ce moment, la pompe auxiliaire entre de nouveau en fonction. Sur le dessin ci-joint, la pompe auxiliaire est formée par le prolongement postérieur de la tige du piston du compresseur, et empêche ainsi toute fuite de gaz de ce côté du compresseur. Par l'intermédiaire des mécanismes ci-dessus décrits, la tension du gaz de la chambre 17 est maintenue égale à la pression atmosphérique extérieure. La garniture extérieure de cette chambre ne laissera par conséquent échapper aucun gaz vers l'extérieur et de même l'air extérieur ne pourra pénétrer à l'intérieur. Mais comme tous les gaz se diffusent, indépendamment de leur pression, il se produira, malgré l'égalité des pressions, un échange, minime il est vrai, des deux gaz, si ce presse-étoupe ne ferme pas d'une manière absolument hermétique. Pour éviter ce dernier inconvénient de l'échappement du gaz intérieur et de la pénétration de l'air extérieur, le collet du presse-étoupe 40 est pourvu d'un évidement annulaire alimenté d'huile par le godet graisseur 23. Cette huile doit remplir les passages de la garniture du presse-étoupe, servir à la fois au graissage de la tige du piston. L'huile qui est introduite ne remplit pas le même but que le liquide préservateur de fuites des joints hydrauliques, car elle n'est pas, comme ce liquide, soumise à une certaine pression (la pression de compression ou la pression d'aspiration).

Ce dispositif, pour éviter toute fuite de gaz vers l'extérieur, est particulièrement applicable aux machines qui fonctionnent avec un liquide générateur du froid dont la tension de vaporisation est supérieure à la pression atmosphérique extérieure; mais il peut s'adapter aux machines fonctionnant avec un liquide producteur du froid se vaporisant à la pression atmosphérique, pourvu que la tension de condensation soit au-dessus de celle-ci. Si la tension de vaporisation se maintient dans le voisinage de la pression atmosphérique extérieure, il suffit que la chambre 17 soit reliée au tuyau d'aspiration du compresseur. D'après la théorie, les liquides frigorifiques sont d'autant plus appropriés à la production du froid qu'ils sont plus volatils, c'est-à-dire qu'ils se transforment en vapeurs à une tension plus élevée dans les mêmes conditions de température. L'application du dispositif décrit comporte diverses variantes, sans rien changer au principe fondamental.

Ainsi la pompe auxiliaire E, au lieu d'être reliée au compresseur, peut être établie séparément verticalement ou horizontalement, être à simple ou à double effet; par exemple la pompe G qui aspire par les tuyaux 21 et 24 dans le vase compensateur, et refoule dans le tuyau d'aspiration 4 du compresseur par le tuyau 25, au lieu de refouler dans le condenseur le presse-étoupe de cette pompe séparée, nécesite alors le même dispositif, qu'on réalisera en mettant simplement le presse-étoupe en communication avec le vase compensateur F par un tuyau 28.

Dans le cas où le compresseur est disposé de telle manière que son mécanisme de commande se trouve enfermé dans une enveloppe fermée par exemple comme en 4, et qu'au lieu d'une tige de piston animée d'un mouvement alternatif, on a un arbre rotatif qui traverse les parois, la garniture du piston remplacera le presse-étoupe intérieur 16, et l'enveloppe pourrait servir à la fois comme chambre 17 et vase compensateur F. Cette enveloppe sera en conséquence pourvue d'une soupape compensatrice. Le presse-étoupe de l'arbre devient directement le presse-étoupe de sûreté extérieur.

La soupape compensatrice, au lieu d'être soumise à l'action d'une membrane, pourra être actionnée par un piston comme cela est représenté en J, ledit piston étant, comme la membrane, pressé d'un côté par l'atmosphère extérieure, et du côté opposé par le gaz intérieur.

De plus, la pompe à piston auxiliaire peut être remplacée par un éjecteur d'après les deux dispositifs suivants.

Les vapeurs comprimées de la substance frigorifique passent par le tuyau 27 dans un ajutage et aspirent dans le vase compensateur, l'éjecteur étant relié à la soupape compensatrice par les tuyaux 21 et 28. Le mélange de vapeurs retourne au compresseur par le tuyau 29. Le liquide accumulé sous pression dans le collecteur A, au lieu de passer directement dans l'évaporateur B, pénètre par les tuyaux 2 et 30 dans l'ajutage de l'éjecteur et aspire, par les tuyaux 21, 24 et 31, dans le vase compensateur. Le liquide mélangé aux vapeurs aspirées est injecté dans l'évaporation par le tuyau 32.

Robinets à vapeur.

Dans la machine décrite, les interruptions doivent pouvoir se faire alternativement dans un sens et dans l'autre, suivant que l'on distrait la partie de la machine qui précède ou suit le robinet. On a, en conséquence, donné aux robinets à herméticité automatique de cette machine la disposition représentée en O. Ils sont construits sous la forme de robinets d'arrêt interposés entre deux branchements disposés, non suivant un même axe, mais suivant un angle de 120°. Si on ferme dans le sens *b*, la pression la plus élevée s'exerce aussi dans l'intérieur du boisseau et le rend hermétique, ainsi que dans le sens inverse *c*.

Rectification de l'huile de graissage.

La machine frigorifique à vapeur qui vient d'être décrite est une machine fermée : Tandis que dans les machines à vapeurs chaudes, l'huile de graissage employée est rejetée avec la vapeur, elle se rassemble, au contraire, continuellement dans la machine décrite, et occasionnerait des troubles dans les fonctionnements, si on ne l'écoulait de temps en temps de la machine. Toutefois, cela ne peut se faire directement, parce que, sous l'influence de la pression élevée existant dans la machine, l'huile absorbe une quantité notable de la substance frigorifique, qui, en dehors de la machine, redevient libre, par suite de la diminution de pression, et serait ainsi perdue.

L'huile sera donc le plus avantageusement accumulée dans le vase 4, parce qu'elle sera entraînée, à l'état de poussière fine, du compresseur dans le condenseur; elle se précipitera dans ce dernier avec les vapeurs condensées, et s'y séparera finalement de la substance frigorifique liquide, en vertu de la différence qu'il y a entre les poids spécifiques des deux substances, à la partie supérieure ou à la partie inférieure, suivant que la densité du liquide frigorifique est inférieure ou supérieure à celle de l'huile.

Supposons le premier cas. L'huile 33 se trouvera au-dessous de la solution réfrigérante 1. Le tuyau 2, qui enlève le liquide réfrigérant du collecteur A, ne plonge pas, en conséquence, jusqu'au fond de ce vase, tandis que du fond du vase 4 part un tuyau 35, allant au vase compensateur F. Si le robinet 34 est ouvert, l'huile 33 passe du collecteur 4, sous l'influence de la pression élevée, dans le vase compensateur. Là, elle se trouve à la pression atmosphérique et dégage, par conséquent, la majeure partie du gaz qu'elle a absorbé. Ce gaz est ramené dans la machine par la pompe auxiliaire, etc. Pour débarrasser l'huile des dernières traces du gaz absorbé, on dispose au fond du vase compensateur F un petit serpentin 37, destiné au chauffage. Du vase F, l'huile peut être soutirée par le robinet 38, par exemple, dans le seau 39. Lorsque cette huile soutirée s'est refroidie et séparée de son cambouis, elle est prête à être employée de nouveau.

Les détails de ce projet sont intéressants et utiles à connaître mais la plupart des dispositions indiquées sont utilisées déjà dans les machines existantes.

MACHINES A CHLORURE DE MÉTHYLE, ÉTHER, ETC.

Le chlorure de méthyle est gazeux à la température ordinaire. Si on le comprime en le refroidissant, il se résout en un liquide incolore, dont la température s'abaisse instantanément à 23° au-dessous de zéro, lorsqu'il est à la pression atmosphérique; la température peut descendre à 7°, avec l'aide du vide.

C'est un liquide neutre, inoffensif, peu altérable, indécomposable dans les vaporisations et compressions successives.

Il n'attaque pas les métaux et lubréfie les pistons des pompes de compression.

Son odeur est douce et peut être respirée à forte dose impunément; c'est aujourd'hui un produit de fabrication industrielle.

La tension de sa vapeur est, à 0°, 1 atm. 5; à 25°, 4 atm.; à 30°, 5 atm. 5.

On a construit des machines à froid fonctionnant par le chlorure de méthyle.

On peut aussi employer d'autres liquides : l'éther, le chloroforme, le sulfure de carbone, l'éther méthylique, la triméthylamine, l'acide carbonique, etc.; mais tous ces corps sont ou coûteux ou dangereux, et peut-être est-il préférable de s'en tenir aux agents actuellement connus, bien étudiés, et du prix le plus bas : l'ammoniaque et l'acide sulfureux.

MACHINE CARRÉ

FONCTIONNANT PAR LE VIDE FAIT SUR L'EAU A CONGELER

Froid obtenu par l'évaporation de l'eau.

Une expérience ancienne imaginée par Leslie a donné l'idée de quelques appareils à glace construits, soit en vue de la grande industrie, soit pour la production de faibles quantités de calories négatives et la préparation de quelques kilos de glace, ou simplement d'une ou deux carafes frappées pour les ménages.

Lorsque l'on place sous le récipient d'une machine pneumatique une capsule pleine d'eau à côté d'un autre vase contenant une substance avide d'eau, par exemple de l'acide sulfurique concentré, on parvient à congeler l'eau de la première capsule en faisant rapidement le vide sous la cloche.

La substance avide d'eau est destinée à faciliter une rapide évaporation ; elle absorbe les vapeurs au fur et à mesure de leur formation et empêche l'atmosphère de se saturer.

Il est facile de voir qu'il faut une évaporation assez active pour amener la congélation du liquide, car 1 kilog. de vapeur d'eau en s'évaporant à 0°, absorbe 537 unités de chaleur, et 1 kilog. de glace exige 80 calories pour fondre ; il faut donc évaporer 80/537 ou au moins 150gr ou 200gr d'eau pour obtenir 1 kilog. de glace, en s'opposant suffisamment au réchauffement produit par les corps environnants qui rayonnent vers les corps froids.

Les appareils construits d'après ces idées devront, comme on le comprend, être disposés pour satisfaire à ces exigences : évaporation active, absorption rapide des vapeurs.

Dans les appareils de ménage ou plutôt de laboratoire, ces conditions ne sont pas très difficiles à remplir parce que la machine est ordinairement mue à bras d'homme et que l'on ne regarde pas à dépenser quelques kilogrammètres de plus ou de moins ; que d'autre part on ne se préoccupe pas d'un prix de revient un peu plus ou un peu moins élevé.

Alors on emploie des pompes pneumatiques relativement volumineuses et de grandes quantités d'acide sulfurique.

On fait mouvoir rapidement le piston dans son cylindre, et en quelques minutes l'eau du récipient se met à bouillir et se congèle en masse quelques instants après.

Les figures ci-contre 20 et 21 représentent cette machine telle qu'elle est disposée pour l'usage des laboratoires.

On voit qu'un système de palettes mises en mouvement en même temps que le piston de la pompe, agitent l'acide sulfurique et augmentent les surfaces de contact avec la vapeur émise par l'eau.

L'appareil se compose d'un corps de pompe A (fig. 20) qui permet d'opérer le vide dans les vases contenant l'eau ou la matière quelconque à refroidir; d'un récipient B doublé de plomb et qui contient, selon la dimension de l'appareil, 4 kilog. 500 à 10 kilog. d'acide sulfurique du commerce à 66°. C'est dans ce récipient que passe l'air chargé de vapeur d'eau aspiré par la pompe A. Au contact de l'acide, la vapeur d'eau se combine à l'acide sulfurique et l'air sec est expiré par la pompe.

Fig. 20.

Un agitateur mélange le liquide sulfurique dans le récipient B; cet agitateur est mu par le moyen du levier à bras qui actionne la pompe.

Voici comment fonctionne l'appareil : On ferme les robinets *i*, on donne quelques coups de piston pour opérer un vide partiel, on place la carafe à

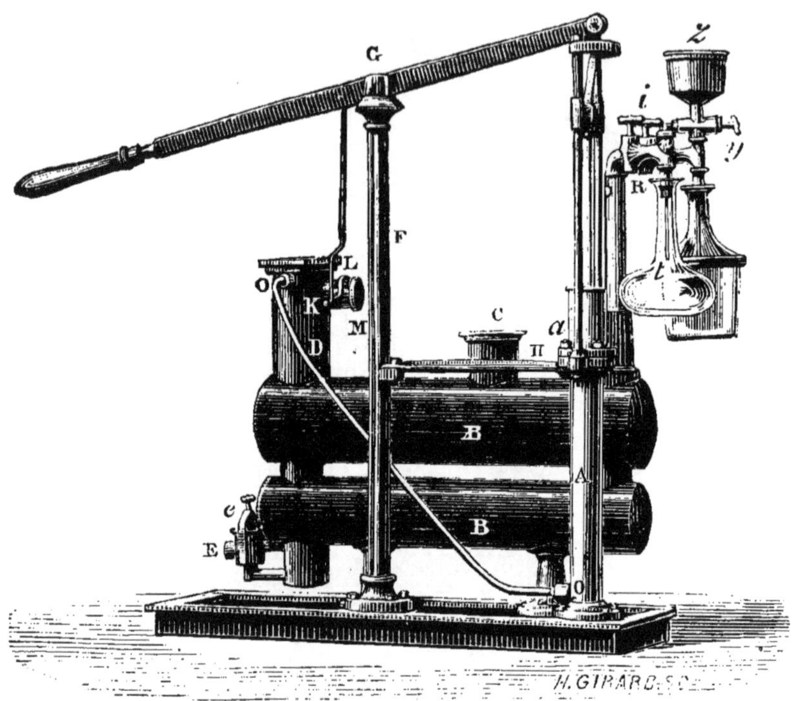

Fig. 21.

congéler au goulot du robinet *i*, et le vide partiel force la carafe à adhérer complètement à l'appareil ; puis on continue à faire le vide jusqu'à ce que l'eau contenue dans la carafe soit congelée ou tout au moins refroidie suffisamment.

M. Carré a adopté pour son appareil une disposition particulière pour hâter la congélation.

Cet appareil accessoire se compose d'un récipient terminé à sa partie inférieure par un cone qui est muni d'un robinet et d'une partie filetée.

Les robinets portent à leurs parties supérieures des tubulures filetées intérieurement et munies de bouchons pleins : ces bouchons enlevés, l'accessoire à congélation rapide vient se fixer à leur place.

On opère alors le vide complètement dans la carafe, puis on ouvre rapidement le robinet de manière à laisser tomber une petite quantité d'eau qui se congèle immédiatement ; on répète cette opération autant de fois qu'il est nécessaire pour avoir la quantité de glace désirée. On donne deux ou trois coups de pompe après chaque entrée d'eau dans la carafe.

Cette machine de laboratoire, qui porte le nom d'appareil Carré, est d'une disposition beaucoup plus complexe et difficile à réussir lorsqu'il s'agit d'opérer en grand pour les applications industrielles. Une société, « La Pneumatique », a été fondée il y a quelques années pour la construction de machines basées sur ces principes ; ces appareils ont fonctionné pendant quelque temps et ont dû être abandonnés. Cependant une description sommaire de la machine peut présenter quelque intérêt :

L'appareil pneumatique se composait de deux pompes pour opérer le vide dans les cylindres où se font les blocs de glace.

On avait adopté avec infiniment d'à-propos, dans la construction de cette machine pneumatique, le dispositif depuis longtemps connu dans les laboratoires et autrefois imaginé par Babinet.

Un des corps de pompe fait le vide dans les cylindres, et la deuxième pompe fait le vide dans la première; on obtient ainsi ce que l'on a si judicieusement appelé le vide du vide et on parvient, au moyen de cette disposition, à pousser industriellement la raréfaction jusqu'à un vide d'un demi-millimètre de mercure, soit environ 1/1500 d'atmosphère.

On se servait aussi du vide pour concentrer l'acide sulfurique à une température très notablement inférieure à la température normale d'ébullition de l'acide monohydraté, qui bout à 325° environ à la pression atmosphérique.

A des températures modérées, l'acide sulfurique

n'attaque pas sensiblement le plomb ; le concentrateur est fait en plomb en majeure partie, et l'on évite par l'emploi de ce métal les énormes dépenses des concentrateurs en platine.

La société « La Pneumatique » affirme que pour concentrer de l'acide dilué à 50 B jusqu'à 60 B, on ne dépense pas plus de 105 kilog. de charbon par tonne d'acide.

Dans la pratique de ce procédé, voici comment on opère :

On commence par faire le vide dans les récipients, puis on y introduit l'eau en continuant à évaporer rapidement ; l'eau se congèle en arrivant dans les récipients tronc-coniques, et quand le vase est plein, il suffit, après avoir rompu le vide, de détacher la glace des parois par une injection latérale de vapeur, puis d'ouvrir la valve inférieure : le gros bloc de glace tombe par son propre poids dans les cuviers de bois destinés à le recevoir.

Cette opération, pour réussir, demandait quelques précautions particulières, principalement dans l'introduction de l'eau.

L'afflux du liquide doit être réglé de telle sorte que l'eau ne se congèle qu'après être arrivée, à l'état encore liquide, au fond du cône ; si le refroidissement est trop brusque, l'eau se solidifie au fur et à mesure de son arrivée, et l'on n'obtient alors que de la neige sans consistance et remplissant bientôt le volume du vase ; il faut par conséquent recommencer une opération nouvelle.

Cette machine est toujours restée d'un maniement difficile et on ne la construit plus en ce moment ; il est devenu nécessaire de la perfectionner encore pour en faire un appareil industriel sur lequel on puisse toujours compter.

MACHINES A AFFINITÉ

Système Carré, Rouart et Cie et Imbert frères.

L'appareil à affinité imaginé et construit il y a déjà une trentaine d'années par M. Carré réalise d'une manière simple le problème de la fabrication de petites quantités de glace. Cet appareil se compose de deux vases solides construits en fer forgé et hermétiquement clos : ces deux récipients sont réunis par un tube de communication.

L'un de ces vases A contient une dissolution concentrée d'ammoniaque dans l'eau, l'autre est vide B. fig. 22, 23, 24.

La compression du gaz s'opère par l'intermédiaire d'une élévation de température. Sous l'influence de la chaleur, l'ammoniaque se dégage de sa dissolution et se comprime lui-même dans l'espace clos.

Disposition Imbert.

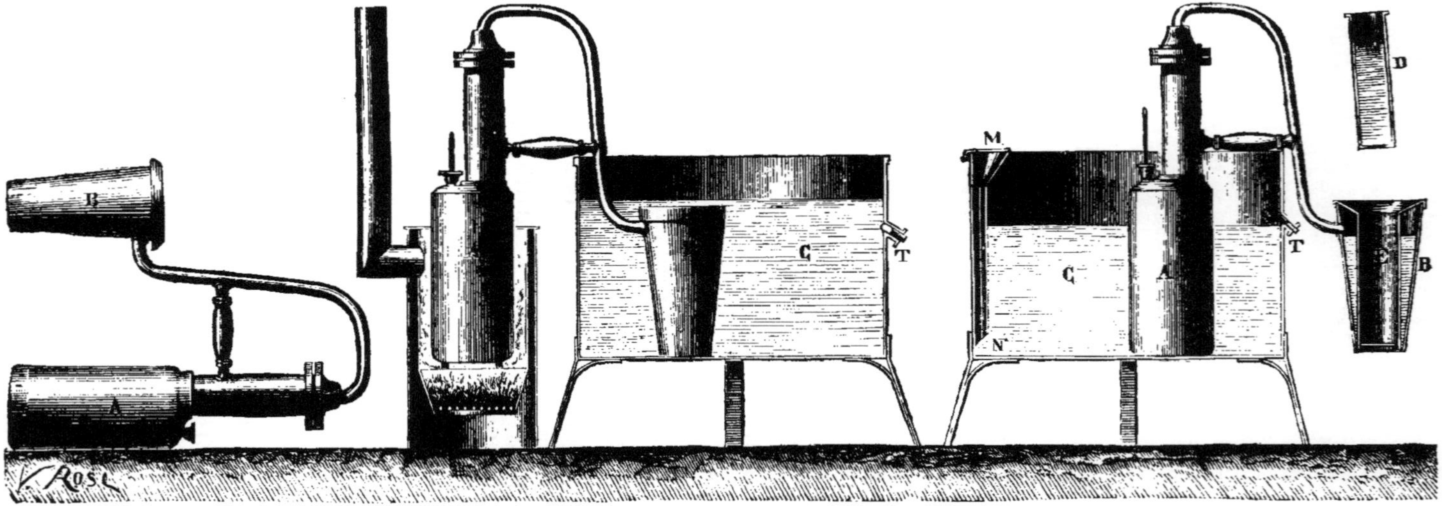

B

A

C

T

M

C

A

N

T

D

E

B

V. Rose

Fig. 22.

Fig. 23.

Fig. 24.

Si on refroidit le vase B pendant que le vase A est suffisamment chauffé, le gaz ammoniacal finit par se liquéfier et se condenser en B.

Si ensuite on refroidit le vase A, un mouvement inverse se produit : le gaz se reforme et vient se dissoudre dans l'eau du vase A maintenant à une basse température.

C'est à ce moment que le récipient B se refroidit considérablement, et c'est le froid ainsi produit que l'on peut utiliser pour obtenir de la glace. L'appareil est donc chargé pour toujours et toujours prêt à fonctionner après l'emploi.

Voici le détail d'une opération :

1° Afin de faire revenir tout le liquide ammoniacal dans la chaudière, il faut d'abord placer l'appareil dans la position fig. 22, chaudière en bas, congélateur en l'air, pendant quinze minutes environ.

2° Enlever le bouchon placé sous le congélateur, après cela mettre la chaudière sur le fourneau fig. 23 et le congélateur dans la caisse à eau ; cette eau doit le recouvrir de quelques centimètres. Verser de l'huile dans le tube (placé sur la chaudière) contenant le thermomètre qui doit monter jusqu'à 130° ou 140° ; arrivé à cette température, l'on arrête cette première manœuvre. En tout cas, il est inutile de dépasser la température de 150° et plus prudent de rester au-dessous, quoique ces appareils construits en fer forgé soient très résistants.

La pression, déjà forte à 150°, pourrait amener une explosion si le métal présentait quelques défauts de structure. Le thermomètre doit toujours être maintenu plongé dans l'huile, et il faut avoir soin de conduire le feu très doucement. On peut employer le charbon de bois pour le chauffage.

3° On enlève l'appareil pour le placer comme l'indique la figure 24 en disposant la chaudière dans l'eau et le congélateur en dehors, après avoir eu soin de le laisser égoutter et de boucher ensuite le fond.

L'on introduit le vase I, rempli aux trois quarts d'eau à congéler et couvert par le bouchon en bois, dans l'intérieur E du congélateur. L'espace libre restant entre le vase I et le vase E est rempli avec de l'alcool, une dissolution d'un chlorure alcalin ou tout autre liquide incongelable. L'extérieur du congélateur est recouvert d'un isolant en feutre, laine ou toute autre matière.

La congélation s'opère seule sans qu'il soit

besoin de s'en occuper ; cette opération dure une heure et demie pour une production de 1 ou 2 kilog. de glace. La durée de congélation est à peu près égale à celle du chauffage.

Lorsqu'on veut se servir de l'appareil pour la première fois, il convient tout d'abord de le mettre dans la position fig. 22 pendant une demi-heure au moins, et, avant de commencer l'opération, de faire chauffer le bas du congélateur en le plaçant dans un peu d'eau chaude afin de faire revenir toute la partie liquide dans la chaudière.

Cette même opération doit se faire de temps en temps pour chasser la solution ammoniacale qui peut s'introduire dans le congélateur. Il faut remplir la caisse d'eau la plus froide possible ; l'eau de puits est bonne dans nos climats. On peut l'agiter de temps en temps pendant la marche. Si l'on opère avec des eaux à 15°, la température dans le réfrigérant de 135° est suffisante pour le chauffage, tandis qu'il faut 150° avec des eaux à 25°.

Machines Carré à gaz ammoniaque.

Système Rouart.

Pour les besoins industriels, une machine à effet continu est toujours préférable à celle qui ne fonctionne que d'une manière intermittente.

Plusieurs constructeurs, Rouart, Imbert, etc., sont parvenus à transformer en appareil continu la machine Carré, que nous venons de décrire. Aujourd'hui, les types sont nombreux, basés sur le même principe, et ne diffèrent que par des détails plus ou moins intéressants dans la construction.

Il s'agit de disposer d'abord la chaudière de telle façon qu'il en sorte continuellement de l'ammoniaque gazeux et de l'eau appauvrie et que, d'autre part, il y entre aussi continuellement une nouvelle dissolution riche.

On y parvient en adoptant, pour contenir la solution ammoniacale, une chaudière cylindrique, plus haute que large, chauffée par le bas.

A la partie inférieure, la dissolution est appauvrie et est évacuée au dehors par la pression.

A la partie supérieure, arrive la dissolution riche, plus légère que l'eau, laissant dégager l'ammoniaque sous l'inflence de la chaleur et gagnant les parties inférieures de la chaudière au fur et à mesure qu'elle s'appauvrit.

Le gaz volatilisé sous pression se liquéfie dans un vase clos refroidi et un robinet convenablement réglé donne issue à l'ammoniaque liquide qui se détend dans le refroidisseur; puis, le gaz se rend dans un vase d'absorption qui contient de l'eau froide et retourne enfin à la chaudière où le cycle recommence.

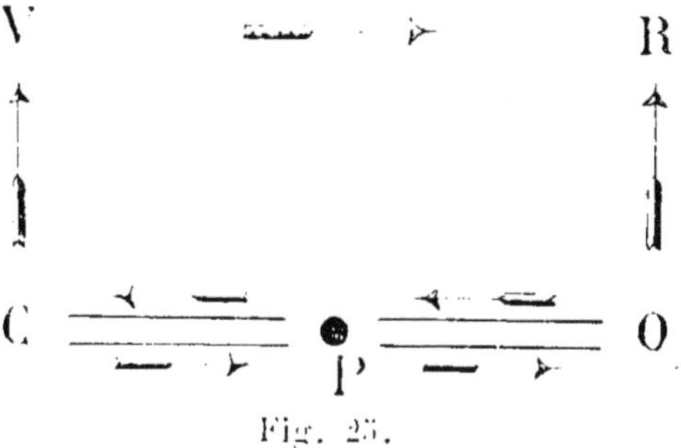

Fig. 25.

La figure 25 montre bien cette circulation, tandis que la figure 26, que nous plaçons à dessein à côté du schema théorique, représente une élévation de l'appareil.

C'est la chaudière (fig. 25); l'ammoniaque se rend

en V, où il se liquéfie, de là en R où il se détend et se volatilise de nouveau Le gaz est attiré par l'eau froide du vase O et renvoyé par une pompe P dans la chaudière C: c'est la solution riche ; le liquide appauvri, au contraire, chemine de C vers O.

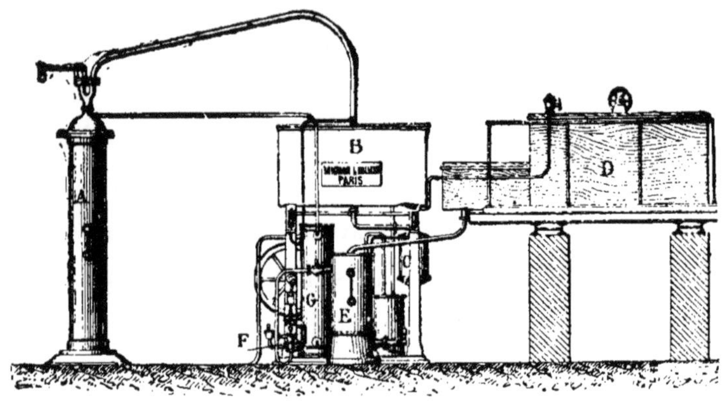

Fig. 26. — Appareil Rouart.

Voici la description des appareils industriels construits par M. Rouart.

Une chaudière renferme la solution ammoniacale plus ou moins concentrée; on la chauffe à 130 ou 140° par un courant de vapeur circulant dans un serpentin intérieur. Le gaz ammoniac se sépare de l'eau, se volatilise, et, à la pression de $8^{atm.}$ environ, 11 à 12 au plus, vient se liquéfier dans les serpentins du liquéfacteur, autour desquels circule constamment un courant d'eau froide.

L'ammoniaque liquide s'écoule du liquéfacteur dans un réservoir très résistant et muni d'un niveau de liquide permettant de s'assurer de la production régulière de l'appareil. De là, il se rend dans les serpentins du congélateur où il se volatilise et produit le froid; sa volatilisation devient complète dans le refroidissement, et enfin il revient à l'état gazeux au vase à absorption. C'est dans ce dernier récipient que se produit la détente nécessaire à la volatilisation du gaz liquéfié dans le congélateur.

Pour qu'il y ait détente, il faut absorber le gaz et pour que le cycle de l'appareil soit complet, il faut renvoyer le gaz à la chaudière à l'état de solution identique à celle qui s'y trouvait primitivement.

Or, on sait que, pendant le chauffage, la solution ammoniacale est appauvrie ; comme, d'autre part, la solution a une densité d'autant plus faible qu'elle est plus riche en gaz, nous aurons au sommet de la chaudière du liquide riche, tandis que la solution pauvre descendra, par différence de densité, à la partie inférieure. Cette séparation est encore accentuée par le fait du chauffage, qui est plus énergique au bas de la chaudière et dégage par suite une plus grande quantité de gaz. Si donc on met en communication le vase à absorption et le fond de la chaudière, la pression même de la chaudière enverra à l'absorption le liquide pauvre dont nous n'aurons plus qu'à régler l'écoulement au moyen d'un robinet.

La solution s'enrichit au contact du gaz venu du congélateur, et il n'y a plus alors qu'à la refouler à la partie supérieure de la chaudière au moyen d'une petite pompe.

L'absorption du gaz produit une élévation de température que l'on combat par une circulation d'eau froide.

Il ne reste plus, pour compléter cette description, qu'à dire un mot de l'appareil échangeur de température.

Le liquide pauvre sort de la chaudière à une température très élevée. Dans cet état, il ne pourrait absorber le gaz ; d'autre part le liquide riche doit retourner à la chaudière à la plus haute température possible, ce qui économisera d'autant la dépense du combustible.

Il suffit, pour remplir ces deux conditions, de faire circuler les deux liquides en sens inverse l'un de l'autre dans un récipient clos. Ce récipient est l'*échangeur*, placé entre la pompe et la chaudière; le liquide riche, refoulé par la pompe, y circule autour des serpentins où passe le liquide pauvre, chassé, comme nous l'avons dit plus haut, par la pression même de la chaudière.

Appareil Carré.

Système Imbert frères.

L'appareil Imbert fig. 27 est disposé d'une façon analogue. On chauffe à 150° la dissolution d'ammoniaque et pour éviter tout danger d'une explosion, ce qui pourrait être à redouter si la température dépassait 150°, le chauffage se fait par une chaudière mi-fixe A, qui sert de générateur de vapeur à cinq atmosphères; les soupapes de sûreté de la chaudière A règlent exactement la température, et par là même la pression qui peut atteindre jusqu'à onze ou douze atmosphères dans le vase à ammoniaque.

Le récipient à ammoniaque se compose d'une colonne assez semblable aux colonnes à distiller; comme ces dernières, elle est munie de plateaux en tôle qui portent alternativement des ouvertures

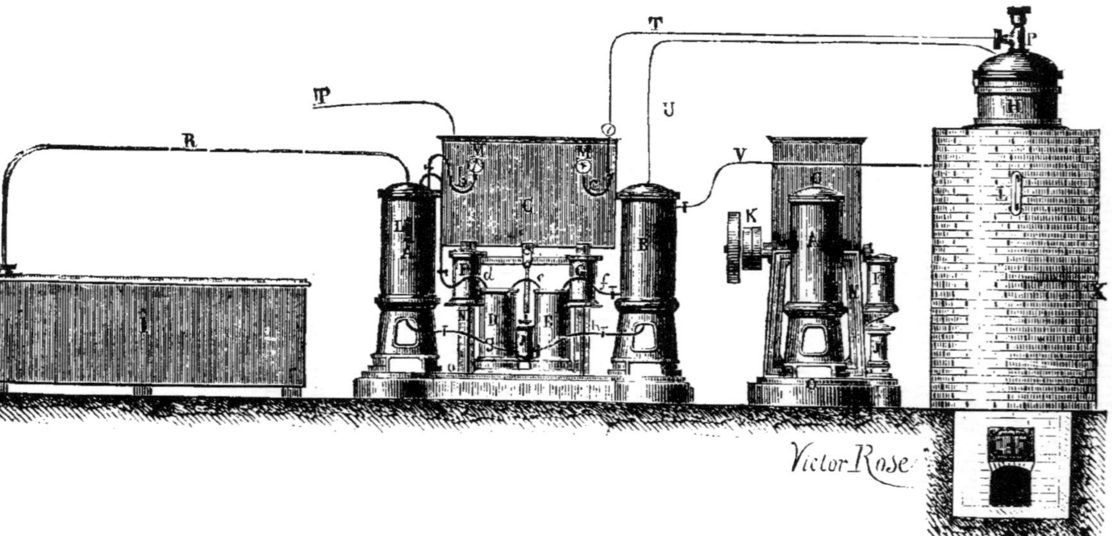

Fig. 27. — Appareil Imbert.

circulaires et annulaires. Ces plateaux ont pour but de permettre au gaz ammoniac de se dépouiller de la vapeur d'eau au fur et à mesure qu'il arrive au sommet de la chaudière.

Le gaz ammoniac, au sortir de la chaudière, se rend au liquéfacteur. C'est dans cet appareil que, sous la pression, le gaz passe de l'état gazeux à l'état liquide. Ainsi liquéfié, il s'écoule dans le récipient.

De là, il passe par un serpentin ou congélateur, où il doit se vaporiser de nouveau. Ce passage s'accompagne, on le sait, d'une production de froid qui peut atteindre jusqu'à 18° et même 19°. Le congélateur est placé dans une caisse métallique, et c'est dans cette caisse que se trouve le liquide incongelable composé d'une dissolution de chlorure de calcium.

Au sortir du congélateur, le gaz ammoniac se rend dans le récipient F qui contient une série de tubes et se trouve en communication avec le fond de la chaudière. La différence de pression qui existe entre ce récipient et la chaudière chasse le liquide pauvre dans le récipient; en présence de l'eau, le gaz ammoniac se dissout immédiatement, avec développement de chaleur qu'on enlève à l'aide d'un courant d'eau froide dans le faisceau tubulaire.

Ce liquide reconstitué est repris avec une pompe et renvoyé à la partie supérieure de la chaudière à ammoniaque. Il rencontre à ce moment l'ammoniac gazeux et, par sa température inférieure (100° environ), lui enlève de la vapeur d'eau.

L'échangeur de l'appareil Imbert se compose d'un serpentin enfermé dans une caisse métallique close, le liquide sortant de la chaudière circule dans le serpentin et cède sa chaleur au liquide reconstitué qui va être repris par la pompe et refoulé, ainsi que nous l'avons dit, au sommet de la chaudière.

Quant au liquide pauvre, il passe par un second serpentin situé dans une caisse ouverte, et il est refroidi par un courant d'eau froide avant d'arriver au récipient.

On peut résumer cette description en considérant le gaz et la solution comme circulant tour à tour dans deux enceintes, l'une à haute pression, la première, qui comprend :

La chaudière,

Le liquéfacteur et le récipient du gaz,

L'échangeur.

L'autre, à basse pression : le vase à détente et celui dans lequel se fait l'absorption du gaz par l'eau.

Ces machines fonctionnent d'une manière très satisfaisante, et il est facile de voir que, théoriquement, le rendement en est très élevé.

La dépense consiste à chauffer une dissolution ammoniacale à 130-150° au maximum pour dégager le gaz ; les solutions employées dans ces appareils correspondent à :

1 d'ammoniac pour 3 à 5 d'eau environ; on dépense 500 à 560 calories pour obtenir;

1 d'ammoniac qui en absorbe 234 pour se volatiliser, mais il faut encore compter la chaleur dépensée par l'absorption par l'eau froide, le travail de la pompe de l'échangeur, et l'on n'arrive dans les meilleures circonstances qu'à obtenir des productions de 25 à 30 kilog. de glace par kilog. de charbon.

Ces chiffres sont probablement rarement atteints dans la pratique, et les divers producteurs ne parlent même que d'une production de 8 à 22 kilog., suivant les appareils; la moyenne de ces chiffres constituerait déjà un bon rendement.

En résumé, ces machines à affinité donnent des

résultats satisfaisants comme rendement, ne nécessitent qu'une faible force motrice pour la pompe et la circulation de l'eau pour les refroidissements ; mais il faut deux chaudières, ce qui est un petit inconvénient.

Quant au reproche qu'on leur a adressé de travailler à des pressions de dix à douze atmosphères, il n'a absolument aucune valeur ; on fabrique aujourd'hui dans l'industrie des vases aussi résistants que l'on veut, et il n'y a rien à redouter dans l'emploi de ces chaudières à haute pression.

COMPARAISON

DES DIVERSES MACHINES A GLACE

Cette comparaison peut être établie à plusieurs points de vue.

On peut chercher la machine la plus économique, la moins coûteuse, la plus facile à conduire, et l'on peut dire que, dans la plupart des cas, le choix d'une machine se déterminera par un ensemble de conditions spéciales afférentes à l'usine considérée et au but à remplir.

Dans tel et tel cas, quitte à dépenser un peu plus de charbon, on préférera une machine qui demandera moins de main-d'œuvre ou une surveillance moins intelligente; dans d'autres cas, le prix d'achat jouera un grand rôle. Il nous faut étudier successivement tous ces points de vue particuliers.

Conditions économiques.

Il est impossible d'indiquer, même avec une machine déterminée, à combien reviendra le kilog. de glace ou la calorie négative, puisque le prix de revient dépend du prix du charbon, de celui de la main-d'œuvre, de la température, de l'eau employée et d'autres facteurs encore.

Rendement. — On peut dire que selon les machines on obtient de 1 à 15, peut-être 20 kilog. de glace par kilog. de charbon ; 12 kilog. est le chiffre d'une bonne machine. Or, si 80 est la chaleur latente et qu'on suppose l'eau prise à 20°, il faudra 100 calories pour congeler 1 kilog. d'eau, et 12 kilog. représentent 1,200 calories.

1 kilog. de charbon évapore dans les bonnes chaudières 7 kilog. de vapeur à 5 atmosphères, peut-être 9 ou 10 à 100° dans les chaudières à la pression atmosphérique; on obtient en travail industriel, du charbon au plus 6,370 calories, et 4 à 5,000 sont des chiffres assez courants dans la pratique.

On peut donc dire que, pour le charbon, une calorie de froid coûte autant à produire que 4 calories de chaleur.

Pourrait-on augmenter ce rendement ?

Évidemment oui, puisque la théorie nous a montré que les résultats pouvaient être beaucoup plus élevés ; mais il faut compter avec la dépense inévitable inhérente aux appareils mécaniques.

De nombreuses expériences ont été faites à Munich dans le but de comparer dans tous leurs détails les machines du commerce. Ces essais, institués par M. Linde, ont été poursuivis longtemps et dans les meilleures conditions d'exactitude, car les inventeurs ou constructeurs étaient priés de veiller eux-mêmes au bon fonctionnement de leurs appareils.

Au lieu de s'occuper de la quantité de charbon consommée, on a mesuré l'eau d'alimentation ou la vapeur consommée par kilog. de glace. Cette manière de procéder est évidemment meilleure, car les charbons diffèrent entre eux. Aussi avons-nous toujours soin de rappeler, dans cet ouvrage, que nous considérons un charbon spécial, celui qui dégage 8,000 calories par kilog.

Dans les essais de Munich, les machines de Linde ont été de beaucoup classées au premier rang, et elles ont fourni à peu près en moyenne 3 kilog. de glace par kilog. d'eau d'alimentation ; les machines de Pictet venaient ensuite avec 1 k. 50 (moyenne); les machines à absorption n'ont donné que 1 kilog. au plus environ les unes dans les autres; une machine à air n'a même fourni que 61,9 calories négatives, soit, d'après nos conventions, 619 gr. de glace.

Dans une étude comparative faite en France par les ingénieurs les plus compétents, pour le choix à décider de la machine de la Morgue de Paris, les classements ont été différents.

La machine à absorption a été placée en première ligne et définitivement adoptée, comme donnant le rendement maximum en glace par kilog. de charbon brûlé; nous croyons savoir que dans une autre circonstance récente, le même classement s'est reproduit.

Nous devons naturellement rester sur la réserve, car il n'est pas dans nos intentions de recommander plus exclusivement certaines machines particulières. Nous allons seulement discuter leurs mérites respectifs en envisageant les différents points de leur fonctionnement.

Charbon. — Le rendement maximum des machines à glace du commerce est de 20 à 22 kilog. par kilog. de charbon, et ce chiffre peut être atteint dans les machines à affinité : les machines à liquide volatil ou à air donnent des rendements moindres, mais elles n'ont qu'un seul foyer, celui d'un générateur ordinaire. La surveillance en est donc extrêmement facile.

Le prix de la glace varie avec tous ces appareils divers : en comptant le charbon à 25 francs la tonne, il est difficile de compter obtenir une tonne de glace à un prix inférieur à 5 francs, et il faut en moyenne s'attendre à un prix de revient notablement plus élevé et variant suivant les dimensions des appareils, la température de l'eau qui sert à refroidir la main-d'œuvre, etc., de 8 à 22 — 25 fr. les 1,000 kilog. pour les appareils industriels, amortissement et intérêts compris.

En grande fabrication et dans nos pays, le prix de 10 francs la tonne de glace est facilement réalisable, et on peut tabler sur ce chiffre dans l'industrie. En supposant toujours que la tonne de glace corresponde à 1000 × 100 ou 100,000 calories, on voit que l'on a 100,000 calories pour 10 francs ou 100 calories pour 1 centime.

Consommation d'eau. — Il peut être également intéressant de comparer les différentes machines à d'autres points de vue.

Dans tous les systèmes, quels qu'ils soient, le gaz ou le liquide volatil comprimé s'échauffe, et il est nécessaire de le ramener à la température ordinaire, pour qu'il puisse ensuite donner du froid, soit par sa détente, soit par sa volatilisation.

Ce refroidissement est, dans toutes les machines, obtenu par une circulation d'eau, et comme cette eau peut coûter plus ou moins cher à se procurer, ou en d'autres termes que le prix en soit à mettre en ligne de compte, il est bon de connaître les quantités qu'il en faudra employer. Le tableau ci-contre donne quelques renseignements comparatifs à ce sujet.

CONSOMMATION D'EAU DES MACHINES A GLACE
L'EAU EST ÉVALUÉE EN HECTOLITRES PAR HEURE ET SUPPOSÉE A 10 OU 20° DE TEMPÉRATURE

TYPE	PRODUISANT EN KILOG. DE GLACE A L'HEURE.								NATURE DE LA MACHINE
	25	50	100	200	250	500	1000	2000	
Pictet...	7 5	15	30	60	75	150	300	»	Compress. SO^2.
Linde...	3	6	12	»	30	60	120	240	— AzH^3
Fixary..	5	10	20	40	»	100	200	300	— —
Giffard.	»	30	60	»	»	300	»	»	Air froid.
Chlor. de méthyle.	7	15	30	60	»	»	»	»	Compression.
Imbert.. (Chif. approx.)	10	»	»	»	»	150	»	»	Affinité.
Mertz...	»	9	16	»	45	84	150	300	Compress. AzH^3

On admet une augmentation de 5 pour 100 en plus par deux degrés d'élévation de la température de l'eau. Ainsi, pour une machine Pictet travaillant à une température de + 20°, il faudrait 20 pour 100 d'eau en plus, soit 375 hectolitres au lieu de 300 pour une machine de 1,000 kilog. Il faut bien remarquer que cette proportionnalité ne se maintient pas pour des températures plus hautes ; la consommation de l'eau augmente bien plus vite que ne l'indique la proportion, et certaines machines fonctionnent même difficilement dans les pays chauds.

Les machines à ammoniaque, par compression, sont celles qui consomment le moins d'eau; les machines à air en prennent des quantités considérables.

Comparaison des forces motrices.

Nous ne pouvons ici comparer entre elles que les machines à air et à liquide volatil ; les machines à affinité ne demandent comparativement qu'une force motrice très faible, mais nous avons vu qu'il fallait un foyer spécial pour le chauffage de la dissolution ammoniacale.

TYPES (FORCE EN CHEVAUX)	QUANTITÉS DE GLACE A L'HEURE					
	25	100	500	1000	1500	2000
Rouart, affinité.	»	1	»	»	»	»
Fixary........	2,5	5	»	35	55	»
Pictet.........	2 à 3	6	»	53	»	»
Linde.	2	5	»	35	»	68
Imbert...... ..	1	2	7	»	»	»

Les machines de ces constructeurs donnent toujours plus de glace que n'indique le programme. On peut donc compter à peu près en moyenne, sur une force de 40 chevaux, pour 1,000 kilog. de glace, soit un cheval par 25 kilog.; proportion qui diminue avec les grosses productions et augmente avec les faibles.

L'espace occupé par la machine à glace est également assez variable, mais nous ne pensons pas qu'il soit très intéressant de s'arrêter à cette question qui reste un peu secondaire.

Comparaison des prix des machines.

Le prix, au contraire, est à considérer dans le choix de l'appareil. Les quelques chiffres que nous donnons se rapportent aux machines prises dans les usines; l'emballage varie de 2 à 4 0/0 du prix total.

PRIX DES MACHINES DANS L'USINE DU CONSTRUCTEUR

En francs et sans emballage.

TYPE	QUANTITÉS DE GLACE PAR HEURE EN KILOGRAMMES						OBSERVATIONS
	25	100	500	1000	1500	2000	
Linde, compression.....	8 000	17 500	»	75 000	»	135 000	Sans le moteur.
	9 500	21 000	»	90 000	»	155 000	Avec —
Pictet, —	6 500	12 000	»	55 000	»	»	Sans —
	8 150	14 500	»	67 000	»	»	Avec —
Rouart, air.............	4 450	12 300	»	»	»	»	Chauffage à feu nu.
	5 100	13 300	»	78 000	»	130 000	— a vapeur.
Giffard, —............	»	18 000	65 000	»	»	»	Sans moteur.
	»	31 000	105 000	»	»	»	Avec —
Imbert, —............	4 250	11 850	49 500	»	»	»	Sans moteur ni chaudière.
Fixary, compression....	7 500	16 000	»	75 000	110 000	»	Sans moteur.
Chlorure de méthyle....	7 000	13 000	»	»	»	»	—

Ces prix peuvent subir des variations.

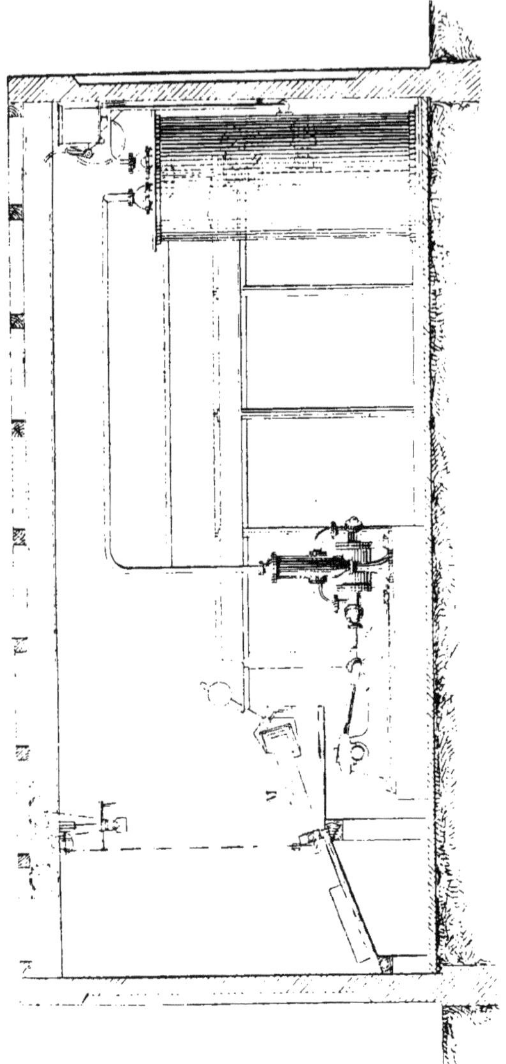

Fig. 28.
Machine Linde. — Démoulage mécanique de la glace.

S'il faut faire entrer en compte tous les détails de l'installation, on doit considérer les accessoires de la machine à froid, le moteur, les chaudières, etc.

On devra, dans les machines industrielles, compter pour l'achat au moins 60 francs par kilog. de glace, mais le prix est notablement plus élevé pour les machines à petite production : 150, 200 et même 300 francs par kilog.

Ces prix sont probablement destinés à baisser par la suite.

Dans toutes les machines, le service est à peu près le même ; un mécanicien suffit jusqu'à des productions de 1,000 kilog. et plus, car une machine, une fois réglée, n'exige plus qu'une bien faible surveillance.

Il est évident que le nombre des manœuvres dépend de la main d'œuvre à effectuer ; cette main-d'œuvre est réduite au minimum, si, comme dans les machines de Linde, tous les mouvements s'effectuent mécaniquement. La fig. 28 représente le démoulage des blocs de glace et leur renversement sur des plans inclinés.

Dans les machines Pictet, montées pour la fabrication de la glace, on compte 5 manœuvres pour une fabrication de 1,000 kilog. à l'heure.

Devis et établissement d'une machine à glace.

Nous ne pouvons déterminer d'une manière absolue quelle est la meilleure des machines à glace. Nous avons démontré que les appareils bien établis pouvaient donner 10-12 kilog. par kilog. de charbon, et par conséquent on pourra choisir sans crainte l'un ou l'autre des excellents types que nous avons décrits de préférence :

En machines à affinité, les types Rouart et Imbert ;

En machines à compressions, les types Pictet, Linde et Fixary ;

En machines à air, l'appareil Giffard.

Il est bien évident que l'on pourrait trouver d'autres types aussi avantageux dans les modèles étrangers, mais nous avons désiré nous borner à indiquer les plus couramment construits par nos maisons nationales, ou du moins les plus répandus en France.

Si l'on dispose d'une machine à vapeur ou d'une frce quelconque suffisante, il est preférable d'adopter les machines à compression ou à air froid ; si l'on veut économiser la force motrice, les machines à affinité sont préférables.

On doit tout d'abord, pour déterminer la machine à installer, calculer le nombre de calories nécessaires pour le travail à effectuer.

Les éléments que nous avons donnés dans le courant de ce travail suffisent pour résoudre cette question. S'il s'agit de refroidir de l'air, le tableau suivant donne le nombre de calories à dépenser dans différentes circonstances. S'il s'agit de refroidir un liquide, on multiplie son poids par la chute de température (1), etc. La machine une fois choisie pour le travail correspondant, il s'agit de se rendre compte du prix d'installation moyen et du coût des calories de froid.

Voici, à ce propos, quelques tableaux empruntés aux constructeurs dénommés : Imbert, Pictet, Linde.

(1) On suppose la chaleur spécifique égale à l'unité ce qui est à peu près vrai pour le lait, la bière, etc.

TABLEAU DONNANT LES QUANTITÉS D'AIR REFROIDIES A DIFFÉRENTES TEMPÉRATURES

QUANTITÉS d'air refroidi par heure en 1 m3.	QUANTITÉS DE GLACE PAR HEURE EN KILOGRAMMES							
	25 à 30	50 à 65	100 à 125	200 à 250	300 à 350	500	1000 à 1200	1500 à 2000
30° à 10°	750 à 850	1800 à 1500	3000 à 3600	7200 à 7500	10500	15000 à 18000	30000 à 36000	50000 à 60000
15° à 5°	1000 à 1500	200 à 2400	1000 à 1800	9600 à 10000	14000	20000 à 21000	10000 à 18000	65000 à 80000
5° à 0°	1800 à 2000	3600 à 4000	7200 à 8000	16000 à 18000	21000	36000 à 40000	72000 à 80000	120000 à 111000
5° à — 10° (1)	500	1000	2000	1000	6000	10000	20000	30000
5° à — 5° (2)	750	1500	3000	7500	10000	15000	30000	60000

(1) D'après Fixary, machine Fixary.
(2) D'après Linde, machine Linde.

COMPTE D'UNE MACHINE DU SYSTÈME IMBERT POUR UNE PRODUCTION DE 200 KILOG. DE GLACE A L'HEURE

Prix de l'appareil du tarif	21.650f. »
Ammoniaque et chlorure de calcium	3.000 »
Emballage	400 »
Chaudière à vapeur fournissant la vapeur au chauffage et à la machine	3.000 »
Machine à vapeur, pompes transmissions, courroies	2.000 »
Montage de l'appareil, non compris les aides monteurs	800 »
Total	30.850 »

Frais d'exploitation pour 300 jours de travail

Amortissement de 10 pour 100 sur 30.850	3.085 »
Intérêts de 5 pour 100 sur 30.850 fr	1.542,50
Deux machinistes chauffeurs	3.000 »
Deux ouvriers manœuvres	2.400 »
Deux cents tonnes de charbon (16 fr. la tonne)	3.200 »
Frais de graissage	250 »
Perte d'ammoniaque	200 »
Réparations	250 »
Total	13.627,50

Soit par tonne 9 fr. 46.

COMPTE POUR UNE MACHINE DU SYSTÈME LINDE 500 KILOG. DE GLACE A L'HEURE

Frais d'installation, local non compris	36.500 »
Machine à glace et générateur à glace	15.000 »
Machine à vapeur et maçonnerie	3.125 »
Montage	
Total	54.625 »

Coût journalier du travail pour 270 jours

Intérêts et amortissement à 15 pour 100.......	30,04
Charbon, 25 fr. la tonne, (2 kilog. par cheval et par heure)...........................	22,60
Service. Mécaniciens....................	10 »
Service. Chauffeur......................	8,75
Service. Manœuvres......................	12,50
Ammoniaque à 4 fr. 37 le kilog..............	4,10
Huile, graissage, etc.......................	4,26
Total........................	92,25
D'où par 1,000 kilog..................	7,68

N. B. — Ces prix sont relevés sur une machine montée et fonctionnant en Allemagne.

COMPTE POUR UNE MACHINE DU SYSTÈME PICTET POUR UNE PRODUCTION DE 500 KILOG. DE GLACE A L'HEURE

50 kilog. de charbon à 25 fr. les 1000 kilog., avec l'eau de condensation à 0 fr. 12 environ...	1,50
Une heure de mécanicien à 0 fr. 60..............	0,60
Une heure de chauffeur à 0 fr. 45...............	0,45
Trois heures de manœuvres à 0 fr. 40............	1,20
Pertes industrielles d'anhydrite, chlorure et garniture, environ............................	0,30
Frais de fabrication par heure, environ...........	4,50
Soit par tonne de 1000 kilog....................	8,10
Prix réel, amortissement et intérêts du capital compris....................................	10,10
Soit par tonne................................	10,10

DEUXIÈME PARTIE

APPLICATIONS DU FROID

REFROIDISSEMENT DE L'AIR

Dans l'utilisation du froid pour les applications industrielles, on a très souvent besoin de refroidir l'air atmosphérique, et par conséquent on doit se préoccuper de calculer le nombre de calories nécessaires à cet abaissement de température.

Il est indispensable, dans ces calculs, de se placer dans les hypothèses les plus défavorables; par exemple, s'il s'agit de refroidir des caves de brasserie à la température de $+ 2°$, il ne faut pas prendre comme point de départ la température moyenne du lieu, mais bien la température maxima de l'été, parce que c'est précisément dans cette dernière saison que la machine sera appelée à rendre d'importants services dans le travail.

Le calcul sera un peu différent, suivant les cas particuliers ; il faudra d'abord connaître le volume d'air à refroidir par unité de temps.

Cette quantité est déterminée par les données du problème : s'il s'agit de refroidir une salle habitée, on sait combien il faut de mètres cubes d'air par personne et par heure; s'il faut abaisser la température d'une cave de brasserie, on calculera la quantité de bière à rafraîchir, sa température étant supposée de 20°, sa chaleur spécifique égale à 1, et on connaîtra alors la quantité d'air à envoyer à une température t pour qu'il soit évacué à la température t' de la cave.

En général, il faudra toujours tabler sur des chiffres plus élevés que ceux que donnera le calcul, pour être à même de diriger à volonté le refroidissement.

La quantité d'air une fois connue, il s'agira de calculer la quantité de chaleur à lui enlever pour l'amener à une temperature T; c'est cet air qui en se réchauffant passera à la température t' du lieu à rafraîchir.

Or, la chaleur contenue dans l'air atmosphérique se compose de deux parties : l'air contient en effet toujours de la vapeur d'eau : par le refroidissement cette vapeur se condense en abandonnant de la chaleur, et le nombre de calories ainsi rendues sensibles par le passage de l'état de vapeur, d'abord à l'état d'eau, puis à l'état de glace, est presque toujours plus élevé que le nombre de calories à enlever à l'air sec.

Supposons, par exemple, de l'air saturé à 30° : 1 mètre cube d'air renferme, comme il est facile de s'en assurer par la formule

$$p = 0{,}800 \frac{1}{1 + \frac{\theta}{273}} \times \frac{F}{760},$$ dans laquelle on

fera $\theta = 30$.

$F = 31{,}5$, 1 kilog. 116 grammes d'air sec et 30 gr. 1 de vapeur d'eau.

La quantité de chaleur contenue dans cet air saturé est pour l'air $0{,}237\,\theta$, θ étant la température absolue, ou au-dessus de $-273°$. Si on refroidit l'air à une température t le nombre de calories à enlever sera

$$0{,}237\,(\theta - t) \times 1{,}116 \text{ pour 1 mètre cube.}$$

La vapeur d'eau se liquéfie d'abord en abandonnant 537 unités de chaleur. Supposons que la condensation ait lieu immédiatement, la quantité de chaleur abandonnée sera toujours pour 30°

$$0,0301 \times 537 \text{ ou } 18 \text{ calories}, 517.$$

Puis les 30 gr. 1 d'eau se refroidissent de θ à 273°; le nombre de calories à leur enlever est 0,0301 $(\theta - t)$, si nous admettons la chaleur spécifique de la glace égale à 1 pour la commodité des calculs; enfin cette eau peut se solidifier si t est plus petit que 273°; la chaleur latente est alors 0,0301 × 80, ou 2,40.

On voit donc qu'en somme le nombre de calories afférentes à l'eau est souvent ou en tout cas peut être plus considérable que celui qui se rapporte au refroidissement de l'air sec.

Le tableau ci-joint, calculé depuis — 10° jusqu'à 40° ou bien entre les limites 263, et 313°, pourra être utile pour la solution des divers problèmes en question.

TABLEAU DU NOMBRE DE CALORIES CONTENUES DANS UN MÈTRE CUBE D'AIR SATURÉ

Chaleur de l'air $= p \times 0{,}237 \times \theta$

— l'eau $= p' (537 + 80 + \theta) = p' (617 + \theta)$

TEMPÉRATURES		TENSION de la vapeur d'eau en millimètr.	UN MÈTRE CUBE D'AIR CONTIENT				SOMME DES CALORIES
			En grammes.		En calories.		
			Air sec.	Vapeur.	Dues à l'air sec.	Dues à la vapeur.	
263	— 10	2	1337	2,2	83,33	1,94	85,27
273	0	4,6	1285	4,9	83,14	4,36	87,50
283	10	9,2	1232	9,4	82,63	8,46	91,09
293	20	17,4	1177	17,1	81,75	15,56	97,31
303	30	31,5	1117	30,1	80,20	27,69	107,89
313	40	54,9	1046	50,7	77,59	46,50	124,09

On suppose que l'eau passe de l'état de vapeur à l'état de glace.

Si l'on calcule d'après ce tableau la quantité de calories nécessaires au refroidissement d'un mètre cube d'air de + 30° à + 10°, on trouve 16, 80. En réalité, dans la pratique, le nombre de calories à dépenser est notablement plus faible en général parce que l'air n'est qu'exceptionnellement saturé.

La quantité de vapeur d'eau n'est souvent que la moitié de celle qui correspond à la saturation ;

elle varie du reste avec les lieux, l'état de l'atmosphère, etc.

En prenant le chiffre de 0, 50, on voit que la pression de la vapeur à + 30° n'est plus que de 15 millimètres environ, et la proportion de calories est moitié moindre pour la vapeur alors qu'elle n'augmente pas sensiblement pour l'air. Au lieu d'avoir une chute de 16,80, on peut ne compter que 3 ou 4 calories peut-être, et ce sont ces derniers chiffres que les constructeurs établissent dans leurs prospectus et dans leurs projets.

Nous avons donné précédemment comme exemple l'extrait des chiffres se rapportant aux différents modèles des machines *Linde* et *Fixary*.

Ce tableau nous montre qu'on refroidit moins d'air de + 5° à — 5° que de + 15°, à + 5° avec une machine déterminée. Il est évident que cette différence tient non pas à la différence de calories qui se ferait sentir en sens inverse, mais bien à l'action réchauffante des corps environnants, d'autant plus sensible que la température est plus basse.

Lorsque dans une installation quelconque, on doit établir un courant d'air froid, il est nécessaire de disposer la réfrigération dans des espaces larges et facilement accessibles, afin de pouvoir enlever de temps en temps, au besoin, la neige qui vient recouvrir les parois froides; des tuyaux seraient rapidement engorgés.

Abattoirs et conservation des viandes et poissons.

La conservation par le froid des matières alimentaires, fermentescibles, n'est du reste guère efficace qu'autant que le froid produit est sec. Si notamment l'on place des viandes dans un lieu froid mais humide, ces viandes entrent en putréfaction aussitôt que la température s'élève. Il y a donc lieu de se servir d'appareils produisant de l'air froid privé le plus possible de sa vapeur d'eau, et de l'envoyer dans des chambres spécialement aménagées contenant la viande ou tout autre substance à conserver. L'expérience a démontré qu'une température de $+ 1^{\circ}$ à $+ 2^{\circ}$ était convenable pour une conservation non trop prolongée; la viande ainsi conservée a l'aspect et le goût de la viande fraîche.

On peut, par ce moyen, conserver la viande aussi bien l'été que l'hiver, et l'établissement de ces entrepôts frigorifiques finira par s'imposer dans les grandes villes.

Ordinairement le bâtiment dans lequel s'opère cette conservation par le froid se compose d'un étage sur cave. C'est d'abord dans le sous-sol que l'on place la viande provenant des abattoirs.

La salle inférieure est largement ventilée de manière à amener, au bout de douze à quinze heures, la viande à une température peu supérieure à la moyenne du lieu.

Après la nuit, le lendemain, elle est transportée au premier étage où se trouvent les chambres à froid proprement dites, et ramenée après un séjour d'une quinzaine d'heures à une température voisine de × 2° ; la conservation parfaite dure ainsi cinq à six jours sans aucun dommage pour la qualité.

On peut prolonger bien davantage la garde des viandes en se servant de températures plus basses.

A Brême, dans les entrepôts construits par l'ingénieur Osenbruck, le refroidissement s'obtient en faisant circuler l'air le long d'une hélice sur laquelle tombe une dissolution froide de chlorure de calcium. L'air, lancé, à la vitesse de 3 mètres par seconde et à raison de 400 mètres cubes à l'heure, passe à côté des quartiers de viande et est ensuite réaspiré pour rentrer dans le travail.

Le professeur Linde a adopté une disposition analogue pour refroidir; nous la représentons dans la fig. 29 ci-contre.

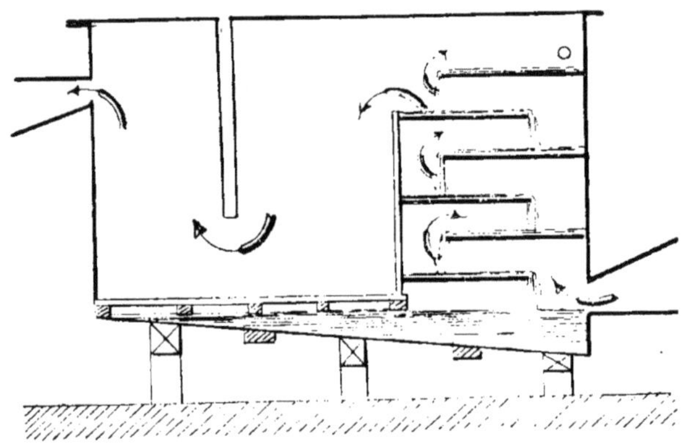

Fig. 29.

On peut aussi, comme l'indique la fig. 30, représentant une disposition de l'ingénieur, refroidir l'air par un contact intime avec une dissolution de chlorure de magnésium tombant en pluie ou circulant, comme le recommande M. Rouart, sur des toiles métalliques verticales. La fig. 31 représente cette disposition pour une cave.

Dans les grands entrepôts d'Anvers, on fait circuler le liquide froid dans des tubes placés en haut,

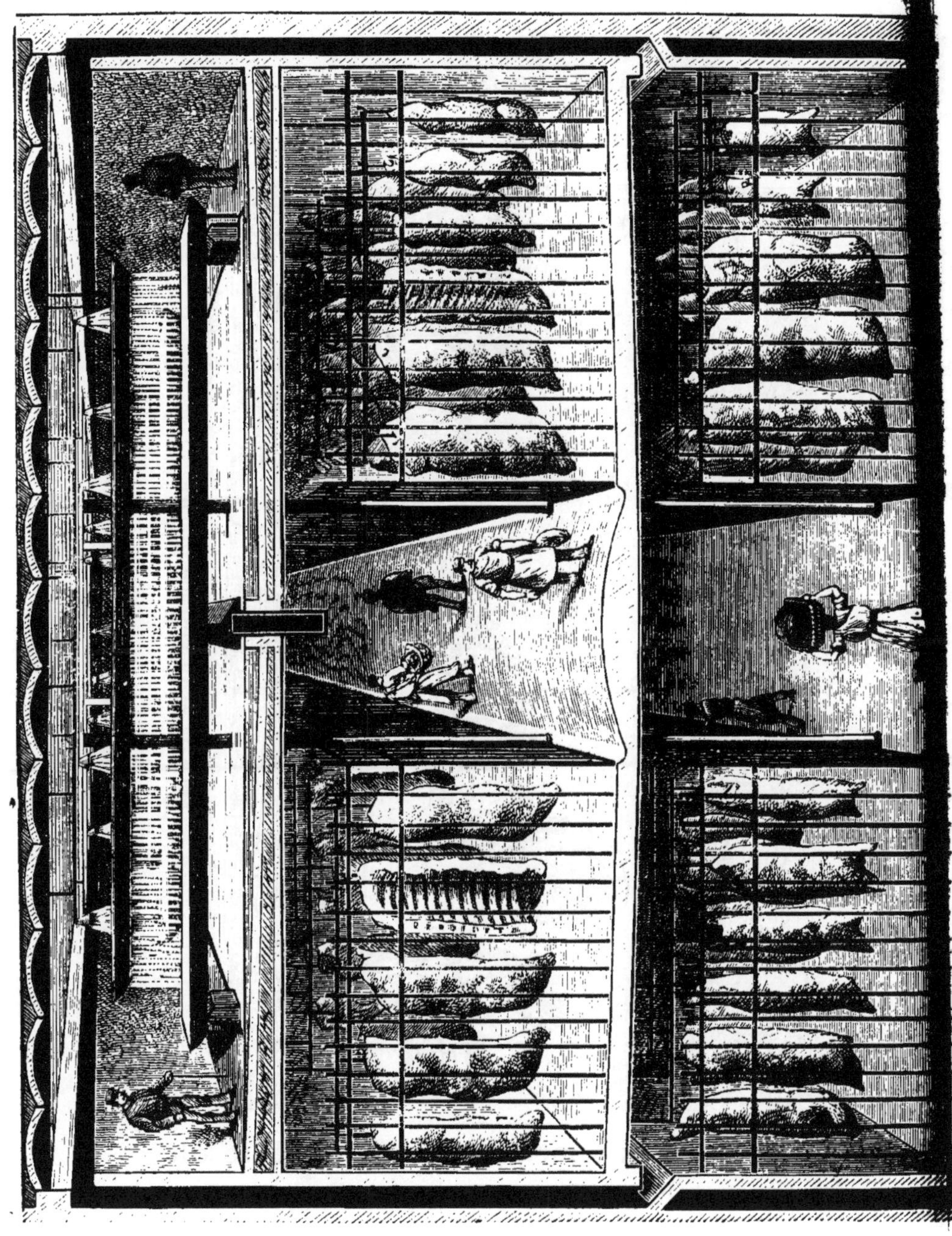

Fig. 30. — Système Pictet.

parallèlement à la surface du plafond de la pièce.

Fig. 31. — Disposition Rouart.

Dans cet établissement, il y a plus de douze kilomètres de tubes au contact desquels l'air se refroidit et gagne les parties inférieures sous l'influence de l'augmentation de densité. La fig. 32 représente une disposition analogue. Ce mode de réfrigération est très adopté et très simple, mais il présente cependant un inconvénient assez grave : après quelque temps, au contact de l'air humide, les tubes se recouvrent d'une couche de givre ou de glace qui fait l'office d'un corps mauvais conducteur et diminue sensiblement la transmission du froid.

On est obligé d'arrêter de temps en temps la circulation du chlorure, et de faire passer de la vapeur chaude dans les tubes pour les débarrasser de cette glace.

Cette pratique est mauvaise, puisqu'elle rend l'opération intermittente et produit au moment de l'emploi une surélévation de la température. On semble disposé à en revenir aujourd'hui au refroidissement par la filtration sur le liquide froid.

Il faut remarquer que, dans l'application de ce procédé, l'air n'entraîne pas beaucoup d'humidité parce que la tension de vapeur des dissolutions de chlorure de calcium ou de magnésium est très faible, ces substances étant fortement hygrométriques.

Fig. 32. — Refroidissement des caves de brasserie (Pictet).

M. Fixary emploie l'air froid pour la conservation des viandes; pour cela l'air, aspiré par un ventilateur, est refroidi au contact des tubes à circulation de liquide et envoyé ensuite à la partie supérieure des salles fig. 33 et 34.

Voici comment on opère pour l'expédition vers la France des viandes fraîches qui nous arrivent de l'Amérique du Sud : Les moutons tués à Buenos-Ayres sont vidés et parés, puis soumis à une ventilation énergique de façon à les rendre le plus sec possible. On les suspend et on les gèle à — 20° environ, puis on les place soit en magasin soit immédiatement dans les bateaux qui doivent les amener en Europe. Chaque bête est mise dans un sac de toile blanche ou de coton bleu.

A bord ou dans les magasins, les moutons gelés sont empilés comme du bois en laissant le moins d'intervalle possible entre chacun d'eux; sur les bateaux, une machine continue à produire le froid nécessaire au maintien des chambres de — 4° à — 6°. Arrivées au Havre les viandes sont transportées dans des magasins spéciaux et maintenues à la température de — 5° qui est suffisante.

Pour le transport par voie ferrée, on emploie des wagons aménagés comme les chambres de

Fig. 33. Système Fixary.

Fig. 34. Système Fixary.

bord, c'est-à-dire avec de doubles parois entre lesquelles on place du poussier de charbon ; puis on empile les moutons dans le wagon que l'on ferme et que l'on refroidit ensuite, en y envoyant de l'air, produit par la machine, au moyen d'un gros tuyau de caoutchouc.

Ce commerce des viandes congelées se répand de plus en plus, et aujourd'hui on commence à importer en Europe des viandes de l'Australie et do la Nouvelle-Zélande.

Le « Central Queen'sland Meat Export Company limited » vient de conclure avec MM. Tyser et Cie, armateurs à Londres, un arrangement par lequel ces messieurs s'engagent à transporter d'Australie en Angleterre 800 tonnes de viandes par mois, au prix de 0 fr. 38 cent. le kilog., y compris les frais d'abattage, de congélation, de chargement et d'assurance. L'établissement du « Central Queens land » est situé sur le Fitzroy.

Pour démontrer que le transport des viandes congelées peut se faire avec succès, nous ajouterons que plusieurs compagnies d'assurances sont disposées à accepter les risques de ces chargements pour une prime de 1 pour 100.

Toutes les viandes conservées par le froid sont

de bonne qualité et ne diffèrent pas d'une manière sensible des viandes fraîches, mais il est nécessaire pour cette bonne conservation de bien suivre les indications précédentes. Il ne faut pas donner un refroidissement trop considérable, mais il est cependant indispensable que la viande soit bien gelée dans toute son épaisseur. Il paraît en outre convenable de placer une chambre de transition entre la chambre à — 15° et celle qui est à — 4° ; le passage graduel d'une température à l'autre doit se faire en deux ou trois heures environ.

Cette conservation des viandes par le froid peut être précieuse pour le ravitaillement des troupes en campagne, pour l'alimentation des villes assiégées et le gouvernement français a ordonné l'étude de la création de vastes entrepôts frigorifiques dans plusieurs villes du territoire.

Les travaux de la commission ne sont pas encore terminés à l'heure actuelle.

L'importation des poissons congelés vient d'être également organisée en France. Il s'est constitué à Marseille une société, dite du Trident, qui possède un vapeur et un navire à voiles tout spécialement disposés pour ce genre de transport. Le vapeur *Rokelle* est arrivé en premier voyage à Marseille avec 30,000 kilog. de poissons congelés et conservés dans ses cales à l'état de glaçons. La température des cales était maintenue constamment à 17° centigrades au-dessous de zéro à l'aide d'une machine Pictet.

Les poissons, pêchés au filet sur divers points de la Méditerranée et de l'Atlantique, sont, dès l'arrivée à Marseille, transportés de nuit (pour éviter la chaleur) dans une cave où la température est la même que dans les cales.

Le poisson est excellent; la commission d'hygiène a constaté qu'il était parfaitement comestible et constituait même un précieux aliment.

L'expérience faite avec le premier chargement a démontré que l'on pouvait conserver le poisson pendant sept ou huit mois à basse température, sans qu'il éprouvât la moindre altération. On s'est rendu compte aussi que l'on pouvait l'expédier au loin sous la simple précaution de l'entourer de paille ou d'algues marines. C'est ainsi que le premier arrivage a été disséminé non seulement dans la région mais aussi jusqu'à Paris et même en Suisse.

Fabrication de la margarine.

La margarine se prépare, comme on le sait, en extrayant, par une cuisson à l'eau, la graisse contenue dans le tissu adipeux des bovidés et en traitant ensuite cette graisse par la pression, à une température déterminée, pour séparer les acides gras ou plutôt les éthers gras de fusibilités différentes.

Mais, pour obtenir de la margarine de bonne qualité, il est indispensable d'opérer sur des graisses très fraîches, et en été, ces débris des abattoirs se gâtent rapidement; on a recours au froid pour les conserver.

Du reste, le procédé est très simple, et il suffit de placer les graisses brutes dans une chambre maintenue à une température de 2° à 4° au-dessous de zéro; on y parvient en faisant circuler une dissolution de chlorure de calcium qui tombe le long de cadres tendus de fils de fer verticaux.

La dissolution, d'abord très froide, — 22°, se réchauffe jusqu'à — 10° en refroidissant l'air ambiant, elle circule d'une manière continue et, aussitôt après son parcours sur les fils, elle est aspirée par une pompe et retourne à l'appareil réfrigérant.

Comme toujours, la circulation de l'air froid se fait en sens inverse.

Il faut remarquer encore ici, que dans cette circulation d'air refroidi arrivant par le haut de la chambre et s'écoulant par le bas à cause de la différence des densités, on ne fait arriver sur les corps à refroidir que de l'air relativement sec et pur ; l'air est en effet débarrassé de ses germes qui se déposent avec les premières quantités de vapeur d'eau.

CONSERVATION DU LAIT

Le lait, qui est un liquide si altérable sous les influences les plus diverses, est précisément presque toujours placé dans les conditions les plus défavorables à une longue conservation.

Il est, au moment de la traite, à une température de 38° environ ; souvent, on n'est pas à même de le refroidir immédiatement et c'est encore chaud qu'on le transporte dans des appartements ou des cuisines où l'air est forcément un peu vicié.

Alors, le lait tourne, son édifice mécanique et chimique est changé, l'altération est définitivement irrémédiable.

On a naturellement, depuis longtemps, cherché des moyens de conserver ce précieux liquide ; le plus simple est celui de la pasteurisation.

On sait qu'en chauffant un liquide à 60° et 70°

environ et encore mieux à une température plus élevée, on détruit tous les germes de maladie qu'il contenait et qu'on le rend inaltérable si on le conserve à l'abri de l'invasion de nouveaux ferments.

Mais pour le lait, ce procédé excellent au point de vue du résultat présente l'inconvénient de communiquer au liquide un désagréable goût de cuit qui déprécie notablement cette marchandise délicate.

Il existe un autre moyen de conservation :

A des températures basses 2°, 3°, 4° au dessous de zéro, la vie des ferments de maladie est suspendue ; les ferments ne sont pas tués, mais ils n'agissent pas et leur action ne recommence à se faire sentir que si la température remonte à 8°, 10° au plus, et elle se montre d'autant plus énergique et nuisible que la température se rapproche plus de 20° ou 30°.

Ainsi donc le lait froid n'est pas stérilisé, mais il se conserve longtemps si on le maintient à basse température. Si on le livre à la consommation lorsqu'il est encore froid ou que sa température vient seulement de remonter, il jouit de toutes ses propriétés primitives et présente le même goût fin et délicat, le même arôme que s'il venait d'être trait à l'instant même.

La réfrigération du lait ne semble pas difficile, et cependant, si on veut la mettre en pratique sur une échelle un peu grande, il est indispensable d'observer certaines précautions particulières.

Il serait évidemment mauvais de le refroidir dans les bidons qui ont servi au transport et il est indispensable de mélanger les laits de différentes provenances après s'être assuré de leur bonne qualité bien entendu, pour être à même de livrer un produit homogène et de qualité toujours régulière.

Le mélange se fait de la manière la plus simple dans un récipient de cuivre rouge ou de tôle étamée avec soin.

Pour refroidir le lait on peut le faire écouler sur les réfrigérants du commerce, appareils bien connus, qui se composent d'un faisceau tubulaire horizontal dans lequel on fait circuler de bas en haut un courant d'eau froide.

Mais si ces réfrigérants sont bons pour les petites laiteries, nous ne pensons pas qu'ils soient à leur place dans le cas qui nous occupe.

Nous pensons qu'il est, dans ce cas, infiniment préférable de ne pas exposer le lait à une aussi large surface, ce qui forcément l'ensemence en germes de maladie. Que ces germes restent inoffensifs dans le liquide froid, cela est incontestable; mais il est non moins certain que le lait qui se sera réchauffé aura bien des chances de s'altérer plus vite que s'il n'avait pas été ainsi étalé en lame mince au contact des courants d'air.

Il est bien préférable de faire circuler le lait dans de larges gouttières entourées du bain réfrigérant.

Le lait est filtré puis coulé dans des gouttières en cuivre rouge de 50 centimètres de profondeur sur 20 centimètres de large; ces gouttières, recouvertes de simples planches de bois, sont immergées à demeure dans un bain de chlorure de magnésium étendu que l'on refroidit par la circulation dans des tubes d'une dissolution très froide et beaucoup plus concentrée du même chlorure.

Des palettes de petites dimensions et animées d'un mouvement de rotation très lent, 15 tours par minute, mélangent le lait et l'empêchent de geler au contact des parois. On obtient ainsi un liquide homogène à une température de 2° à 4° et inaltérable dans ces conditions. Ce lait est expédié dans des bidons placés dans des caisses calfeutrées et conserve ainsi très longtemps sa basse température.

On peut même disposer des chambres froides où pénètrent les wagons qui doivent servir au transport.

En séjournant dans ces chambres pendant un temps suffisamment prolongé, les wagons finissent par en prendre la température, et si les parois sont épaisses et construites en matériaux mauvais conducteurs de la chaleur, par exemple avec une double paroi en bois épais et intervalle garni de sciure ou de paille coupée, l'intérieur de ce wagon conserve longtemps la même température et il est même inutile de le garnir de glace pour l'expédition si le voyage ne dure pas trop longtemps.

Il va sans dire que ce lait doit être conservé froid jusqu'au moment de la livraison à la clientèle.

La fig. 35 représente une vue perspective et une coupe de l'appareil qui a été sur nos plans on ne peut mieux exécuté par M. Deroy, constructeur.

On a dû y grouper les appareils que parcourt le lait un peu plus qu'ils ne le sont dans la réalité, afin d'en rendre la description et l'intelligence plus faciles.

Le lait sorti des bidons est filtré en 1 et s'écoule dans la bassine 2, puis de là son écoulement est

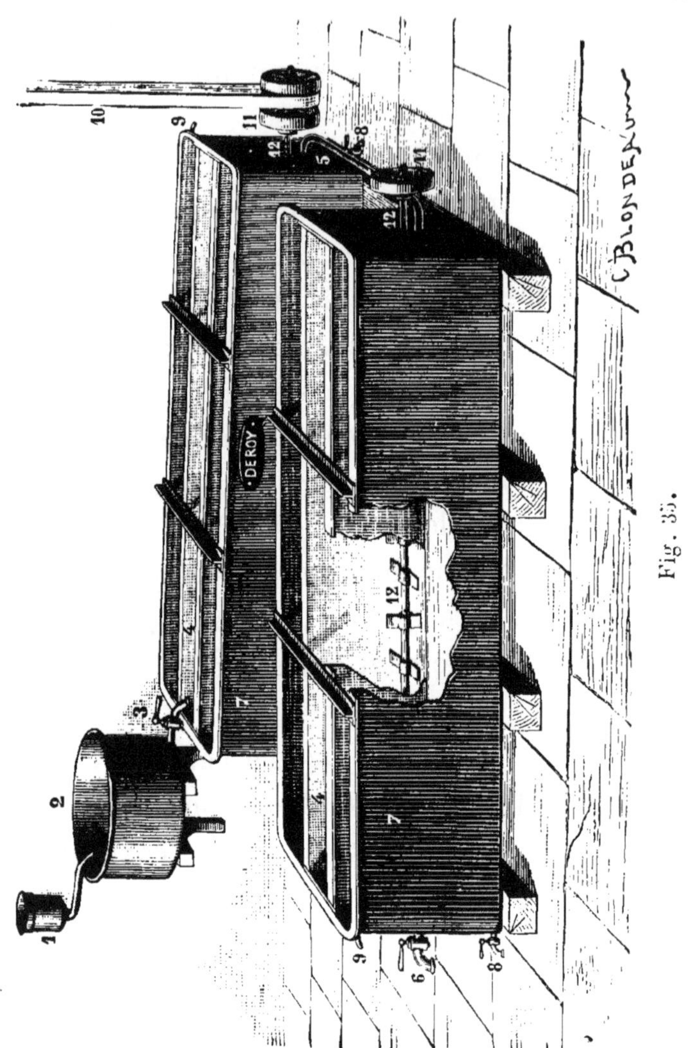

Fig. 35.

réglé par le robinet 3 de façon que la partie affluente remplace celle qui est extraite par le robinet 6 au-dessous duquel on remplit les bidons de lait froid.

Le lait parcourt lentement les gouttières 4, 4, et sa vitesse est réglée de telle sorte qu'il arrive froid à l'extrémité 6. La figure représente deux gouttières semblables parrallèles réunies par un tube de communication 5 ; il est évident que lorsque les dimensions du local le permetteront, il sera de beaucoup préférable d'adopter un seul bac plus long, car les tubes en laiterie doivent être évités à cause des difficultés de nettoyage.

Le dessin montre en 12, à travers la déchirure d'une des gouttières, l'arbre muni de palettes que l'on fait lentement tourner au moyen des poulies 11, 11 qui reçoivent le mouvement de la courroie 10.

La surface refroidissante est très considérable et en un quart d'heure, le lait peut arriver à la sortie à une température suffisamment basse, le volume débité peut atteindre 50 litres par minute environ.

On essaie depuis quelque temps, et avec succès, de pousser plus loin le refroidissement et d'envoyer dans les villes du lait gelé.

Cette innovation hardie est due en partie à M. l'ingénieur Guérin, qui a constaté par des expériences nombreuses que le lait ramené à l'état gelé puis liquide possédait toutes les propriétés du lait primitif.

Il est incontestable que dans ce cas le transport du lait glacé est déjà plus facile que celui du lait liquide et que ce corps, si altérable dans les conditions ordinaires, se conservera ainsi gelé indéfiniment. Il y a donc avantage sérieux à congeler le lait; nous devons seulement examiner le côté pécuniaire de l'entreprise et les moyens de transport.

Pour refroidir le lait à 3° ou 4° on dépense en moyenne 10 à 15 calories; prenons le chiffre le plus élevé, peut-être que l'on rencontrera dans la pratique de nos climats 20 calories, en supposant alors qu'on descende la température à 0°.

Pour congeler le lait, il faut employer en outre 80 calories à peu près, ce qui donne une dépense totale de 100 calories, soit 5 fois plus que dans la première pratique. La dépense est donc sensiblement plus considérable.

Les machines à glace perfectionnées que l'industrie livre actuellement, donnent à peu près 10 kilog. de glace par kilog. de bon charbon, et ces 10 kilog. représentent de 0° à la température ambiante environ 1000 calories.

On peut donc avec 1 kilog. de charbon refroidir jusqu'à la congélation 10 litres de lait.

La consommation n'est pas exagérée, puisqu'elle ne grève la marchandise que d'un demi-centime par litre ; en effet, en mettant le charbon à 50 francs la tonne ou un sou le kilog., chiffre presque partout en France au-dessus de la moyenne, on arrive précisément à ce demi-centime par litre.

Dans ce cas, nous pensons que l'on pourrait organiser l'entreprise d'une manière très simple et très pratique.

A l'usine de la contrée on verserait immédiatement les laits provenant de la récolte dans la campagne dans des wagons-citernes appropriés et l'on opérerait la congélation dans le wagon même. On pourrait ainsi, selon la capacité des cuves, expédier le lait par blocs de 1000, 2000, 5000 kilog. dans des wagons qui ne paieraient que le prix minime du voyage sur les rails des compagnies.

A l'arrivée on dégèlerait les blocs et après un mélange, on emplirait les bidons pour la distribution.

Par ce procédé on n'aurait plus le transport onéreux comme manipulation de ces bidons à lait que l'on détériore si vite par les chocs. Il ne fau drait comme matériel que bidons au départ : ce sont ceux de la récolte ; bidons à l'arrivée, ceux de la distribution ; avec cela le lait arriverait parfaitement sain et intact dans le wagon-citerne, la manipulation serait réduite à son minimum et, en somme, il en résulterait une économie à cause de la diminution de main d'œuvre.

Il est facile de voir que les charges de ce procédé ne sont pas très élevées ; en effet, la congélation coûterait une tonne de charbon par 10,000 litres.

Par suite de la consommation de vapeur nécessaire aux nettoyages, à l'élévation de l'eau, etc., on devrait admettre une dépense plus grande mais qui n'atteindrait probablement jamais, dans les circonstances les plus défavorables, 2 tonnes par 10,000 litres soit, à 40 francs la tonne, 80 francs pour 10,000 ou moins d'un centime par litre ; le transport par wagon complet ne peut pas être évalué puisque nous n'avons pas déterminé le lieu de production ; estimons-le à un chiffre très élevé ; 400 francs par 10,000 litres ; il nous vient en total une dépense à la laiterie de 480 francs et en comptant le prix d'achat à 12 centimes, soit 1200 francs, on voit que sans les manipulations, frais généraux, etc., le litre de lait ressort gelé à 16 c. 8 rendu.

En évaluant les frais généraux à 2,2 ou à un total de 19 centimes, qui est certainement un maximum, ce prix de 19 centimes pour du lait pur rendu à Paris par exemple laisse une marge énorme pour la vente au détail et même une latitude suffisante pour la vente en gros.

MORGUE DE PARIS

Conservation des cadavres.

Cette question de la conservation prolongée des cadavres a, comme on le conçoit, un double intérêt ; au point de vue de la médecine légale elle permet un examen plus attentif, plus minutieux des corps, et guide la justice dans la recherche des criminels.

Elle facilite en outre la constatation de l'identité des morts, identité qu'il était bien difficile d'établir autrefois, même avec les ressources de la photographie.

Les cadavres amenés à la morgue sont assez fréquemment dans un état de décomposition plus ou moins avancé.

Il s'agit donc d'enrayer immédiatement cette putréfaction ; pour cela on les porte rapidement à une température de — 15° à — 18° et on les y maintient environ 10 heures, temps reconnu nécessaire pour le refroidissement complet car le corps humain, on le sait, est très mauvais conducteur de la chaleur et par la même se refroidit très lentement. De plus le milieu dans lequel s'opère le refroidissement doit être un milieu tranquille, sans quoi, ainsi que l'a constaté le docteur Brouardel, la peau prendrait une teinte brune qui rendrait difficile, sinon impossible la constation de l'identité.

Le refroidissement complet opéré, les cadavres sont transportés à la salle d'exposition qui est maintenue à une température de environ — 2°.

S'ils ne sont pas reconnus ou qu'alors la justice ait besoin de les conserver, soit pour guider ses recherches soit pour les confrontations avec les assassins, s'ils sont connus, on place les corps dans des cases maintenues à la température de — 4°.

De là, on le voit, trois genres d'opérations bien distinctes.

Le nombre de cases existantes, à la morgue, propres à porter les cadavres nouveaux arrivés à la température de 15° est de quatre ; en les supposant toutes quatre pleines et le poids moyen de chaque cadavre de 75 kilog., la chaleur spécifique de 1, 5, et la température des corps de + 30, le nombre de calories nécessaires pour les porter de + 30 à — 15 sera exprimé par l'équation

$$4 \times 75 \times 1.5 \times 45 = 19250 \text{ calories.}$$

et ainsi que nous l'avons dit plus haut, l'opération s'effectuant en 10 heures, c'est donc 1,925 calories négatives qu'absorberont par heure ces quatre corps.

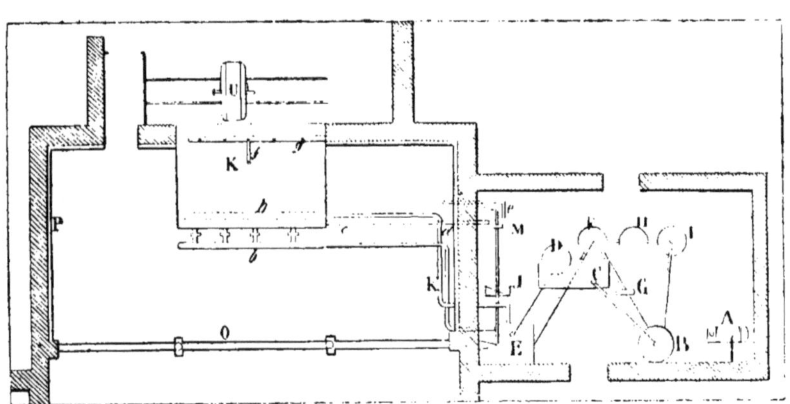

Figure 36. *e*. Tuyau amenant le liquide au chêneau. — *f*. Tuyau amenant le liquide de la pompe au collecteur des caisses à 4°. — *g*. Distributeur des cases à 4°. — *h*. Collecteur des caisses à 4°. — *k*. Retour du liquide au congélateur.

La salle d'exposition fig. 36, avec l'aménagement existant, c'est-à-dire revêtue intérieurement d'un doublage de sapin de 80 millimètres et distant de la maçonnerie de 60 millimètres, exige, pour être maintenue à la température moyenne de — 2°, 7,900 calories.

Les cases où l'on maintient à — 4° les corps après leur exposition sont au nombre de dix et demandent, pour être maintenues à — 4°, 1,000 calories à l'heure.

La quantité de calories absorbées par les trois opérations est donc de 1,925 + 7,900 + 1,000 — 10,825 calories par heure.

Pour ce travail, on a adopté la machine Carré, perfectionnée par MM. Mignon et Rouart; machine qui appartient au type commercial dit de 100 kilog., et qui donne jusqu'à 14 kilog. de glace par kilog. de charbon. Son installation complète montait à 44,440 francs.

Cet appareil répond bien aux conditions énoncées précédemment en ce sens qu'il donne le nombre de calories négatives nécessaires au refroidissement des cadavres, avec le minimum de force motrice et à un prix inférieur d'établissement. De plus, le refroidissement s'opère sans troubler, sans changer le milieu, et c'est là la condition *sine qua non* d'une bonne conservation.

La différence de niveau entre les cases a — 15°

et le congélateur force le liquide incongelable dont la température est au-dessous de — 15° à s'écouler dans ces cases ; un distributeur le divise en parties égales. Ces cases présentent dans leur section transversale une ouverture de 0,85^2 ; intérieurement elles sont garnies d'un serpentin dans lequel circule le liquide incongelable ; leur profondeur est de 2^m,22. Après avoir circulé dans les cases, le liquide se réunit dans un collecteur, et c'est là qu'une pompe vient le puiser pour l'envoyer à la salle d'exposition.

Le mode de refroidissement de la salle diffère de celui des cases ; le liquide, au lieu de circuler dans un serpentin, à l'abri de l'air, est mis directement en contact avec l'atmosphère de la salle. Pour cela, on a placé dans la salle un toit garni de lamelles de tôle, afin d'augmenter la surface de refroidissement. Le liquide arrive dans un chéneau placé à la partie supérieure du toit, de sorte qu'il est distribué dans toute la longueur de la salle. Il coule le long des lamelles, en contact direct avec l'air à refroidir. Après avoir suivi la pente du toit, la dissolution se réunit dans deux gouttières qui la conduisent aux cases à — 4°.

Les cases à — 4° ont même longueur que celles

à — 15°, c'est-à-dire $2^m,22$; mais la section transversale n'est que de $0,70^2$ au lieu de $0,85^2$. Elles sont situées au-dessus de celles à — 15°, sur deux rangs superposés. La liqueur froide y circule dans un serpentin et se réunit ensuite dans un collecteur où une pompe la remonte au congélateur.

Voici comment s'opère maintenant le placement des cadavres dans les cases à refroidir.

Les cases sont alignées perpendiculairement à la vitrine d'exposition et dans le mur du fond. Elles s'ouvrent au moyen de portes à bascule qui donnent sur la cour couverte de la Morgue.

Un wagonnet V qui roule sur une voie parallèle au mur sert à la fois de chariot pour le transport des cadavres dans les diverses cases et d'élévateur pour hisser les dalles sur lesquelles sont placés les corps jusqu'à l'ouverture des cases qui sont situées les unes au-dessus des autres. Ce wagonnet se compose de quatre cadres verticaux et de quatre tiges de réglage : une tige par cadre. Les cadres perpendiculaires à la voie portent chacun une vis fixe qui est mise en mouvement par l'intermédiaire de roues droites et roues d'angle par une manivelle. Pour avoir un mouvement régulier, on se sert d'un arbre intermédiaire qui relie les deux mouvements des manivelles. Les écrous des deux vis portent un chariot qui s'élève ou s'abaisse selon qu'on tourne dans un sens ou dans l'autre. Sur le chariot on place une dalle munie de galets qui porte le cadavre, et une fois qu'on a élevé le tout à la hauteur de la case dans laquelle on veut introduire le corps, on n'a qu'à pousser la dalle qui, roulant sur ses galets, pénètre dans l'intérieur. Pour retirer le corps, le mouvement est inverse.

Les cadavres destinés à être exposés sont placés, ainsi que la dalle roulante qui la supporte, sur un chariot de 2 mètres de largeur, présentant une inclinaison de la tête aux pieds de $0^{m},175$ par 1 mètre. Ils sont roulés à bras jusqu'à la vitrine d'exposition. La vitrine n'est pas formée d'une seule glace, car cette disposition présenterait un inconvénient : la température du dehors étant supérieure, la majeure partie du temps, à celle de l'intérieur de la salle, il se formerait sur la paroi de la vitre un dépôt de vapeur d'eau ou même de givre. Pour remédier à cet inconvénient, on a placé deux glaces en laissant entre elles un espace de quelques centimètres O; l'air qui se trouve entre elles forme matelas pour la différence de température et empêche le dépôt dont nous avons parlé.

La force motrice nécessaire pour le fonctionnement des pompes à liquide froid et à ammoniaque est fournie par un moteur à gaz du système Bishop.

Voici le résultat d'une observation faite en été et des températures diverses constatées à l'intérieur de la Morgue, lorsque la température extérieure était successivement de + 18° + 19° + 20°5.

TEMPÉRATURES

	6 h. matin.	Midi.	6 h. soir.
Salle d'exposition ..	6° 75	— 2	— 4° 5
Caisses à — 4°....	0°	— 7°5	— 10°
Caisses à — 15°....	néant.	néant.	— 15°

L'appareil Rouart tel qu'il est installé consomme par heure 12 kilog. de charbon, soit 300 kilog. par 24 heures à 25 fr.	7,50
Le moteur Bishop exige 43 mètres cube de gaz à 0,15 le mètre cube........................	6,50
Frais divers..............................	3 »
Le personnel avec l'amortissement demande.....	22 »
Total..........................	39 »

C'est donc 39 francs par jour qu'exige l'exploitation totale de l'appareil.

LA PRÉPARATION DE LA GLACE TRANSPARENTE

Le commerce et la consommation ont parfois des exigences bizarres auxquelles le fabricant est tenu de se conformer pour écouler avantageusement ses produits.

On n'accepte pas dans le commerce une carafe frappée, si elle ne contient pas de la glace opaque, laiteuse, visible, alors que pour la consommation même on préfère de beaucoup la glace exempte de bulles, claire et transparente.

Dans la fabrication courante, au moyen des appareils à froid, on obtient toujours une glace bulleuse et blanche. Cette couleur, cette opacité relative sont dues à l'interposition de nombreuses bulles d'air emprisonnées dans la masse. Certains quartz naturels sont rendus laiteux et opaques par interposition analogue de bulles gazeuses, acide carbonique ou carbures d'hydrogène.

Il est donc nécessaire, pour obtenir de la glace transparente, ou de faire congeler de l'eau ne contenant pas d'air ou bien de faciliter le dégagement des gaz interposés.

On parvient très bien à fabriquer de la glace transparente en se servant d'eau distillée non aérée, mais le problème envisagé avec sa solution la plus naturelle ne conduit qu'à de mauvais résultats économiques.

En effet, il faut, par exemple, 1 kilog. de charbon pour produire 8 kilog. de glace dans une machine considérée ; si l'on emploie de l'eau distillée, il faudra donc en préparer 8 kilog., et pour cela, employer encore un autre kilog. de charbon.

La dépense en combustible a doublé, ou bien l'on n'a plus en glace que la moitié du rendement primitif. Un artifice ingénieux permet d'atteindre une utilisation meilleure du combustible.

Supposons qu'il faille pour le service de l'usine de la vapeur à 6 atmosphères dans le générateur, on installe à côté de celui-ci une deuxième chaudière produisant de la vapeur à 7 atmosphères, par exemple, et l'on fait circuler cette vapeur par un serpentin ou un faisceau tubulaire dans la chaudière à 6 atmosphères.

La vapeur à haute tension se condense en liquide au contact du liquide relativement froid, et par conséquent abandonne un nombre de calories facile à calculer.

Les tensions de la vapeur d'eau étant 6 et 7 atmosphères, les températures correspondantes sont 159° et 165°.

1 kilog. de vapeur à 165° contient un nombre de calories égal à $606{,}5 + 0{,}305 \times 165 = 657$.

Après la liquéfaction à 159°, il a abandonné $657 - 159 = 498$ calories.

Or, pour volatiliser 1 kilog. d'eau à 159°, il faut 655 calories, avec 498 on en volatilisera $498/655 = 0{,}76$. On obtient 1 litre d'eau distillée et 0,760 kilog. de vapeur, et pour 8 kilog. de vapeur à 7 atmosphères, soit 1 kilog. de charbon, on a 8 litres d'eau distillée et 6 kilog. environ de vapeur à 6 atmosphères. Pour la même quantité de vapeur, la consommation de charbon est les 4/3 de la quantité primitive, au lieu d'être doublée comme dans la préparation directe de l'eau distillée, et l'on obtient 8 litres d'eau pure comme dans le premier cas. Cette idée est due à l'ingénieur Diesel

(Société Linde) qui a disposé son appareil pour remplir les moules sans aérer cette eau ; l'air introduit produirait de nouveau l'opacité que l'on veut éviter.

On a reconnu également que l'on pouvait préparer la glace transparente en imitant les phénomènes naturels.

La glace se produit lorsque les eaux sont en contact avec de l'air à très basse température, et on l'obtient en exposant les moules dans un espace rempli d'air très froid — 40°, — 50°, par exemple, mais il devient évident que toutes ces machines ne sont pas aptes à la mise en pratique de cette méthode, les froids produits sont trop faibles par l'ammoniaque, l'acide sulfureux et il est nécessaire de recourir aux machines fonctionnant à très basse température, comme les machines à air ou à acide carbonique liquéfié.

Or ces machines sont moins économiques que les autres à cause de la dénivellation de température qui est considérable.

Puis il est toujours difficile et coûteux de bien refroidir des masses d'air. Aussi ce procédé, tout logique qu'il puisse paraître, est-il aujourd'hui abandonné.

Il était assez naturel de penser que l'on obtiendrait de la glace transparente en facilitant le dégagement des bulles d'air par une agitation du liquide.

De nombreux procédés sont basés sur ce principe.

Dans les uns on injecte de l'eau dans les moules au moyen de tubes suspendus dans les mouleaux. Un autre inventeur agite le liquide en le soumettant, au moyen d'une pompe close, à des mouvements alternatifs de montée et de descente.

On peut aussi aider au dégagement des bulles en faisant le vide au-dessus des mouleaux, mais ce procédé paraît rencontrer certaines difficultés d'exécution dans la pratique à cause de sa complication ; il donne cependant de la glace d'une transparence parfaite.

On est parvenu à effectuer l'agitation en insufflant de l'air par un barboteur placé au bas du moule ; il est inutile d'insister sur cette méthode mauvaise ; il est évident que l'on refroidit très inutilement une grande masse d'air et que le résultat ne sera pas toujours sûrement atteint.

L'eau peut être agitée par des chaînes ou des baguettes de bois promenées dans l'intérieur du liquide par des mouvements d'excentriques faciles à imaginer; mais, à un moment donné, quand tout le moule est presque pris, il faut bien retirer les agitateurs et la glace se présente alors sous forme d'une masse transparente avec un canal opaque dans le milieu.

On peut rendre solidaires tous les moules ensemble et les agiter ensuite par un excentrique ou bien les faire tourner autour d'un axe horizontal dans une cuve pleine d'eau ; les moules sont disposés suivant des rayons, leurs bases accolées forment un cylindre intérieur étanche dans lequel se trouve le liquide réfrigerant, dissolution d'un chlorure, sodium, magnésium ou calcium.

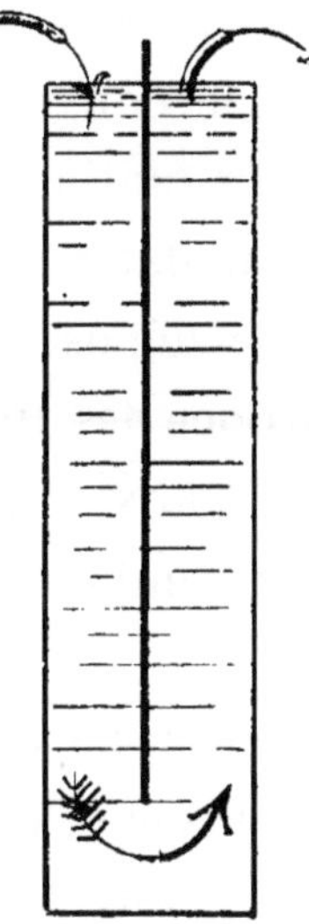

Fig. 37.

Une bonne solution du problème consiste à établir une circulation de l'eau dans l'intérieur des moules (Procédé Diesel.)

Pour cela, chaque moule est divisé en deux parties égales par une cloison parallèle aux parois et ne touchant pas tout à fait le fond fig. 37.

L'eau circule autour de cette cloison, s'écoule ensuite dans un moule voisin et ainsi de suite.

On établit ainsi des séries de moules parallèles accolés que l'on fait avancer à des intervalles réguliers dans le vase congélateur dont le liquide réfrigérant circule en sens inverse.

Au fur et à mesure que les moules avancent, la glace se forme et la circulation de l'eau est diminuée ; on la modère à la main en réglant les robinets d'arrivée de chaque série, une fois pour toutes.

Il est assez curieux de remarquer que dans cette manière de procéder, l'eau pure seule se congèle et que la glace est presque exempte de matières étrangères; tous les sels se concentrent dans les eaux d'égout des séries de moules et se déposent dans les rigoles de sortie avec l'apparence des incrustations de chaudière à vapeur. Ces eaux, envoyées dans des bacs de décantation, rentrent dans le travail.

Le tuyau de la pompe ne plonge qu'à la partie supérieure des bacs de repos et, de la sorte, on utilise la base température à laquelle l'eau était parvenue par sa circulation dans les moules en laissant s'accumuler dans le bas du bac toutes les matières étrangères terreuses.

APPLICATION AU FONÇAGE DES PUITS

Le fonçage des puits dans les terrains sablonneux et aquifères présente des difficultés particulièrement grandes à cause de la nature ébouleuse du terrain et de l'épuisement presque impraticable des eaux.

Aussi de semblables travaux ont-ils, à plusieurs reprises, arrêté pendant des années des fonçages de puits de mine et fait échouer de coûteuses entreprises qui sans cet accident imprévu auraient paru appelées à un succès assuré.

Dans les puits de mine traversant des terrains ébouleux, il est nécessaire d'établir à très grands frais un cuvelage étanche, qui dispense à la fois de l'extraction des sables et de celle de l'eau, mais le passage de ces couches reste toujours dangereux.

Un habile ingénieur, M. Poetsch, a imaginé de congeler les sables aquifères par le froid.

La glace cimente alors les sables et constitue avec eux une masse compacte homogène dans laquelle on peut travailler sans craindre d'éboulement.

D'après son principe, étant donnée une masse à solidifier, M. Poetsch se propose de la traverser par une série de tubes à circulation intérieure où passe un courant liquide refroidi à une température de — 15° à — 20°.

Sous l'influence d'une action réfrigérante aussi intense, il se forme, autour de chacun des tubes, un cylindre solide dont le diamètre va toujours croissant jusqu'à la limite pour laquelle il s'établira un régime d'équilibre entre la chaleur emportée par la liqueur froide et celle fournie par le terrain environnant, ce qui a lieu lorsque le cylindre solide a atteint un rayon de 1m50 environ.

Si, donc, on dispose les tubes de circulation de manière que tous les cylindres congelés arrivent à se pénétrer, il sera possible de former un bloc solide de la dimension et de la forme que l'on voudra et de le maintenir dans cet état aussi longtemps que pourra l'exiger la durée des travaux.

S'il s'agit de creuser un puits, l'exécution du travail donne lieu à trois opérations distinctes :

Le montage, qui a pour objet d'installer les appareils de circulation et la machine frigorifique ; la congélation, au moyen du fonctionnement des appareils ; et, enfin, le travail du fonçage proprement dit, du cuvelage.

L'appareil de circulation se compose d'un certain nombre de tuyaux disposés à 1 mètre les uns des autres, sur un contour enveloppant à 0m50 de distance le périmètre extérieur du revêtement projeté du puits. Ces tuyaux, à double circulation intérieure, sont formés de deux tubes concentriques dont le plus grand est fermé par en bas et le plus petit porte au contraire à sa partie inférieure deux ouvertures latérales. Le liquide refroidi arrive dans le tube intérieur, y descend et remonte dans l'espace annulaire compris entre ce tube et son enveloppe. Un tuyau horizontal, formant une sorte de cadre, communique par des branchements séparés avec chacun des tubes intérieurs et leur distribue la liqueur froide que lui envoie une petite pompe foulante. Un second tuyau horizontal, également en forme de cadre, sert de collecteur ; il est en communication avec chacun des tubes extérieurs, la liqueur s'y rassemble après avoir terminé son office, et de là elle retourne au bassin de refroidissement. Chaque branchement, aboutissant soit au distributeur, soit au collecteur, est muni d'un robinet qui permet d'intercepter la communication, de manière que, en cas d'accident au tuyau pendant le cours du travail, on peut l'isoler de l'ensemble du système, sans être obligé pour cela de tout arrêter. La tuyauterie est en fer, sauf les branchements qui sont en plomb ; il serait à craindre que la fonte ne fût trop fragile à la basse température à laquelle doivent être portés les appareils.

Les tubes extérieurs des tuyaux à double circulation ont un diamètre utile de 175 millimètres et une épaisseur de 8 millimètres ; les différentes parties d'un même tube sont assemblées entre elles à vis, l'emboîtement étant pris sur l'épaisseur même de la paroi. Les tubes intérieurs ont 44 millimètres de diamètre utile et 3 millimètres d'épaisseur, ils sont assemblés à manchon et à vis. Les branchements en plomb ont 30 millimètres de diamètre et 6 millimètres d'épaisseur. L'obturation du tube extérieur est nécessaire pour assurer la circulation de la liqueur froide ; il faut, de plus, qu'elle soit parfaitement hermétique, afin d'éviter que la solution de chlorure de calcium, se répandant dans le milieu environnant, ne vienne en rendre impossible ou tout au moins en retarder la solidification.

La mise en place des tuyaux s'effectue semblablement à la descente du tubage dans un sondage en terrain peu solide. Pour les terrains sablonneux, l'opération est des plus simples : il suffit de battre au fond du trou avec une cloche à soupape, et on peut obtenir ainsi un avancement de 1 mètre par jour.

Dans le cas où le terrain aquifère doit être rencontré à peu de distance de la surface du sol, on place l'appareil de circulation en tête des tuyaux, dans une sorte de fosse dont le fond est à une faible hauteur au-dessus du niveau.

Si l'on n'atteignait les couches aquifères qu'après avoir traversé des terrains solides, on pratiquerait à la base de ceux-ci un élargissement provisoire du puits, nécessaire pour l'enfoncement des tuyaux de circulation, et dans lequel on logerait l'appareil de distribution.

Dans l'un et l'autre cas, il faut toujours se placer suffisamment haut, au-dessus du niveau, pour n'avoir pas à craindre de voir, en temps de crue, l'eau déborder par-dessus la muraille de glace.

La machine frigorifique employée est une machine à ammoniaque. La durée de la période de congélation sera variable suivant la force de cette machine et la dimension du puits.

Pour avoir une estimation approximative du temps que devra durer la période de congélation, M. Poetsch calcule le cube en bloc qu'il veut congeler; il sait, d'autre part, que la machine employée peut lui fournir par heure un nombre déterminé de kilogrammes de glace, et, par une simple division, il trouve le nombre d'heures qu'il faudra laisser s'exercer l'action réfrigérante avant de commencer le fonçage.

Lorsque la masse congelée est suffisamment solide, on commence le fonçage qui se fait sans difficulté par les procédés ordinaires; on doit seulement éviter le tirage des mines, de peur d'amener, par suite de l'ébranlement, une rupture du bloc ou un dérangement dans les tuyaux de circulation.

Pour le boisage provisoire que l'on posera pendant le fonçage, un simple revêtement en planches, maintenu par des cadres de faible équarrissage, sera suffisant.

Le cuvelage peut être fait en bois ou en maçonnerie.

APPLICATIONS DIVERSES

Conclusion.

L'aperçu rapide que nous avons donné des principales applications du froid à l'époque actuelle, permet de prévoir que ces applications deviendront bien plus nombreuses par la suite.

Déjà le froid est utilisé dans les sucreries pour séparer le sucre des mélasses, dans les fabriques de produits chimiques, fabriques de bougies, dans les brasseries fig. 38. On s'en sert pour entraver ou arrêter le développement des végétaux ou des moisissures, fabrication des fromages, pâtes suisses; un habile horticulteur des environs de Paris emploie l'air froid pour retarder la végétation du lilas blanc et se procurer des fleurs bien après la saison.

On conserve à basse température la graine de ver à soie aussi longtemps qu'on le veut, sans que

Fig 38. — Refroidissement des cuves de fermentation basse pour la bière. (Pictet.)

Fig. 39. — Démoulage du chocolat. (Pictet.)

l'éclosion se produise et l'on peut par conséquent attendre le moment favorable pour la récolte des feuilles de mûrier.

Maintenant on trempe les plaques de blindage des navires, dans des liquides maintenus à très basse température.

On se sert du froid pour séparer la paraffine, pour la fabrication des boissons gazeuses, du chocolat, fig. 39, des alcools, pour la cristallisation des sels par la concentration des dissolutions, etc.

Chaque jour voit naître des applications nouvelles.

Le froid, c'est une nouvelle puissance, un nouvel auxiliaire ajouté à tous ceux déjà enfantés par l'industrie humaine; c'est un agent que nous pouvons nous procurer avec la même facilité que la chaleur dans nos foyers et à un prix peu élevé qui s'abaissera encore; sa production artificielle, aujourd'hui si facile, est une des belles découvertes de ce siècle, et certainement ce n'est pas une des moins utiles.

FIN

TABLE DES MATIÈRES

PREMIÈRE PARTIE

MACHINES A GLACE

DEUXIÈME PARTIE

APPLICATIONS DU FROID

EMILE COLIN — IMPRIMERIE DE LAGNY

www.ingramcontent.com/pod-product-compliance
Ingram Content Group UK Ltd.
Pitfield, Milton Keynes, MK11 3LW, UK
UKHW020549180726
13838UKWH00001B/137